RE:
教會重塑系列

教會 不成教會

鄧紹光 主編

▼

Re: 教會重塑系列

教會不成教會

The Church Not Being Church

編者
鄧紹光 Andres S. K. Tang

責任編輯
江程輝

裝幀設計
奇文雲海・設計顧問

■

出版╱發行
基道出版社
香港沙田火炭坳背灣街26號富騰工業中心1011室
LOGOS PUBLISHERS
Unit 1011, Fo Tan Ind. Centre, 26 Au Pui Wan St., Shatin, Hong Kong
電話：(852) 2687-0331　傳真：(852) 2687-0281
網址：http://www.logos.com.hk

承印
陽光印刷製本廠

●

10/2012 初版
Cat. No. LP377
ISBN: 978-962-457-448-7

Printed in Hong Kong

刷次	10	9	8	7	6	5	4	3	2	1
年份	2021	2020	2019	2018	2017	2016	2015	2014	2013	2012

編序

《教會不成教會》這一書名是反語，就像「教會不像樣」，都涉及教會的本性（nature, being）和所是（is）。這本書在籌劃初期的原名是《讓教會成為教會》。毫不諱言，這是取自尤達（John Howard Yoder）和侯活士（Stanley Hauerwas）的名言。「讓教會成為教會」是正面的講法，可是當這樣的說話已經被濫用至不能引起讀者反思教會之本性與所是的時候，就必須把說話倒過來，方才可以激起思想，再次深究這樣的反語對當下的教會有甚麼值得細想的地方。因此，採取這樣的反語為書名：《教會不成教會》，是策略性的，而策略的使用，乃是針對我們所辨識的處境，同時也是為了繞一個圈，可以回到「讓教會成為教會」的正言上面；至少，在編者的想法之中，這兩個正、反的書名，是一體的兩面，缺一不可。

這本文集自二〇一〇年年底開始籌備，六位作者曾經聚首交流討論想要寫些甚麼當下教會需要急切自省的課題。經過一年多的時間，各人陸續提交他們研讀、思考的成果。這六篇文章粗略來説，可以分成兩組或是上下兩篇。上篇/第一組由鄧紹光的〈教會失序？！——從三一上帝的拯救活動思考教會的本性〉、禤智偉的〈教會何以另類？超越社會實在論的教會觀〉和趙崇明的〈教會與教會神學的公共性〉所組成。十分明顯，這三篇文章所處理的不是具體的教會職事或事工，而是跟教會之本性與所是相干的課題。〈教會失序？！〉把教會置於三一上帝的拯救活動來界定其本性與所是。這是一個本源的問題，也是一個目的（*telos*）的問題。教會若不把自己置於本源的目的來認識自己，並且規範自己，則不免落入失序的情況——從三一上帝的拯救秩序之中失落，最終不成教會。〈教會何以另類？〉進一步檢討教會對自身之了解乃是神學的問題，而非社會學的問題。教會不成教會，其中之一種原因，乃在於以非神學的概念來思考教會自己，結果不能從非神學如社會學對人類羣體的看法，識別開來，而罔顧教會乃是按照其自身所認信並踐行的在世另類羣體。〈教會與教會神學的公共性〉可以説是延續了前面兩篇文章的思想方向，進一步剖析教會神學自身之公共性，乃是固有的，而非外加的。這種「固有」就表示教會神學的公共性，是源出於教會自身所信的，而非出自教會以外的其他任何羣體。上篇/第一組的文章，可説是重新提點教會當如何定位自己，方才可以避免落入不成教會的境況。

至於下篇/第二組的另外三篇文章，則尤其針對教會的具體踐行。劉振鵬的〈作主門徒的政治——對今天香港教會的批判〉點出了以耶穌基督為主的信仰羣體，不單是追隨耶穌基督的門徒羣體，而且這種認信與踐行更是政治性的，意即對內而言以此決定這個羣體的生活，對外而言以此有別於一切其他的羣體。那麼，黃順成的〈來自尤達的挑戰——以《直奔標竿》為例作批判性反思〉則更為細緻地展示作主門徒的五項羣體踐行，並由此進而判別《直奔標竿》一書所標舉的教會生活所隱含的偏頗與不足。這種判別只是例示的，因而可舉一反三。最後，關浩然的〈佈道——如何佈？佈何道？道何干？〉，正如其副題顯示的，所關心的乃是：如何佈？佈何道？道何干？事實上，這三者互相扣連，彼此相干，不可分割。簡而言之，就是目的與手段、內容與方法的問題。這些問題，最後都歸結至「福音」上面，而福音，又不可抽離三一上帝那恩慈性的拯救秩序來了解。這又回到了上篇/第一組第一篇文章的論題上面。我們可以說，一切信仰羣體的具體踐行，在根本上是離不開三一上帝其拯救的秩序的。由此而言，教會之所是與所行，只能是神學的，而不能是非神學的。

教會之所是與所行，是神學的，意即必須置於三一上帝論底下來了解，而當三一上帝又具體地透過耶穌基督來揭示其自己的時候，則教會論亦不免要在基督論底下來把握。於是，教會不成教會，乃在於她沒有認真地認信耶穌為主，並且如此踐行；教會成為教會，乃在於她認真地認信耶穌為主，並且如此踐行。千言萬語，總歸一句：耶穌是主。這本文集，可說是對「耶穌是主」作出了疏解——疏解其對教會之所是與所行的意義。盼望這種疏解並不就此停止，而可以在教會的生活之中持續下去，讓教會成為教會。是為序。

鄧紹光

香港浸信會神學院

基督教思想（神學與文化）教授

二〇一二年七月二十日

目錄

上篇

教會失序？！

——從三一上帝的拯救活動思考教會的本性

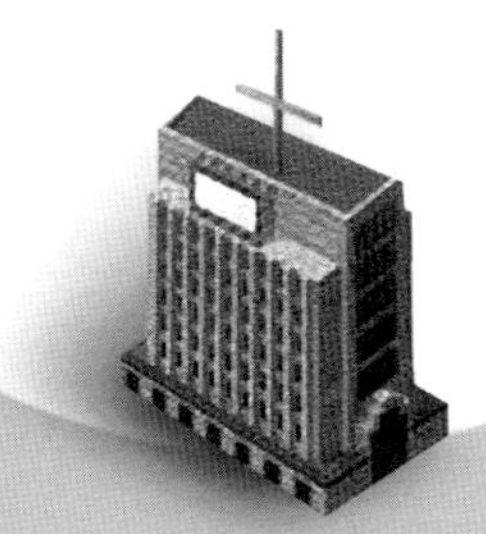

作者簡介：

鄧紹光，生於香港，蘇格蘭聖安德烈大學（University of St. Andrews）哲學博士，資深文字及神學工作者，現任香港浸信會神學院基督教思想（神學與文化）教授及基道出版社義務總編輯。撰有《終末・教會・實踐》、《界限與倫理》、《詞語破碎處》（本書獲得第三十屆湯清基督教文藝獎之神學著作組年獎，第四屆金書獎最佳作者〔神學及研經類〕）、《殺道事件》及《教會不在場》等；編有《認知解讀啟示錄》、《千禧年：華人文化處境中的觀點》、《在信仰之思的途中》、《我們眼中的盧雲》、《回到根源去》等；合編的則有《巴特與漢語神學》及《巴特與漢語神學II》。

一　教會的失序

為甚麼談教會的失序？答案很簡單，我們身為教會的一分子，卻不一定很知道、很清楚教會是甚麼。很多時，我們身為教會的一分子，可以逐漸迷失在日復一日的眾多教會事工之中而對教會的本性茫然不知。當然，這種茫然不知不一定使得教會落入失序的境況，從而偏離其本性而成為異化之羣體。但是我們也不能掉以輕心，因為對自己毫無認識，不知道自己是誰，不知道自己要向著甚麼方向邁進，是極為危險的，就好像「盲人騎瞎馬，夜半臨深池」那樣子。這裏之所以掉以輕心，是因為長久以來教會都有種重踐行輕思考的二元論思維。不很知道、不很清楚教會是甚麼，就很容易落入教會失序的境況，使得教會不成教會。

然而，我在這裏無意倡議一種重思考輕踐行的二元論。

一直以來，我都認為信仰有兩個向度，其一是正確的看見，另一是正確的踐行，兩者分別簡稱為正見與正行。只是過去好一段日子，教會的傳統都強調正見的優先性，要到二十世紀下半葉拉丁美洲解放神學的興起，才倒轉過來以正行為首要。簡單地説，信仰之正見與正行是不可以互相分離的。沒有正行，正見就成了抽象的；沒有正見，正行就變成了盲目的。我們可以這樣説，正行體現正見，使正見成為可見的；正見則規範正行，使正行沒有偏離正道。信仰的這兩個向度，是互相要求對方的，從而使得信仰既不偏於正見也不偏於正行。可是，當兩者分割開來，教會就會陷入失序的危機了。這是因為教會把她的踐行跟她所相信的，分割開來，那就再沒有甚麼可以保障她的踐行是「正行」了。

1. 教會如何失序？

如上所言，教會失序的危機是因著重踐行輕思考的二元論思維，從而使得教會忽略思考教會所相信的是甚麼，也使得教會忽略從教會所相信的思考教會是甚麼，最後使得教會忽略依據教會所相信的來反省教會的踐行、忽略依據信仰對教會本性的規定來反省教會的踐行。這樣的情況就會引致教會失序。教會作為信仰顯現/體現(包括宣講及見證等教會聚集及散開的活動)的羣體，若她的踐行脱離了她所相信的，那麼跟著的問題就是：教會所顯現/體現、讓人看見的，究竟是一種怎樣的信仰呢？我所謂的教會失序，在這裏首先指的是：教會的踐行脱離了教會所相信的。脱離了教會所相信的，教會的踐行就失去了踐行的內容及踐行的規範；或者更準確地説，教會的踐行所應該體現的信仰內容以及所應該遵守的信仰規範，就完全會跟教會的踐行分別、脱離開來，沒有任何關係。

由此而言，教會失序涉及的是「不思」教會的信仰與踐行的關係，在這裏我們需要進深探討這種由「不思」而來的「抽離」，就是把教會的踐行從三一上帝的拯救性恩慈作為抽離出來。這是第一步的教會失序：教會從三一上帝的神聖拯救秩序中脱離出來，不再把自己置於三一上帝的神聖拯救秩序之中來了解自己的本性和規範自己的踐行。第二步的教會失序是以第一步的失序為條件和前提的。任何的踐行都是依據某些原則和規範來進行的。因此，當教會的踐行脱離了其所相信的三一上帝的神聖拯救秩序，那麼教會就無可避免地、有意無意地依循某些信仰之外的原則和規範來生活。這些並非出自信仰的原則和規範，更進一步強化教會的踐行脱離其所相信的三一上帝的神聖拯救秩序。此外，還有第三步的教會失序。第三步的教會失序承接之前的失序，不單以信仰之外的原則和規範作為教會踐行的依據，不單以信仰以外的原則和規範取代三一上帝其神聖拯救秩序對教會踐行的指導和規範，更進一步以信仰之外的原則和規範來解讀聖經中所見證的三一上帝的神聖拯救秩序。

自從啟蒙運動以來，社會科學如社會學、心理學、人類學及集合上述學科的研究成果而產生的管理學，均以自然科學為楷模，追求客觀性和普遍性。社會科學是研究人類行為的，其吸引人之處在於它所達致的客觀性和普遍性。社會科學的客觀性使得教會可以毫無顧忌地援引它的研究方法和成果，因為客觀就是中立，沒有任何價值立場或偏見，所以不會跟教會的特殊信仰有任何矛盾和衝突。此外，社會科學的普遍性使得其研究方法和成果也可以應用在教會這個人類羣體之中，因為教會跟世界上任何其他羣體都一樣，都是人類羣體，都是依據某些共同普遍的法則和原理來運作的。更為重要的是，對於著重踐行輕視思考的教會來說，社會科學對教會發展非常有幫助。這種幫助不單來自社會科學對人類羣體所作出的通則性解釋，更在於社會科學經長年累月所發展出來的種種管治人類的技能/技術。通則性解釋即具預測性，但管治技能/技術卻可依據人類活動之通則，而施行某些管治措施和步驟，以得出某些意欲的行為後果。簡單來說，社會科學不單是解說性的，並且是操作性的。社會科學的通則所具有的預測解說特性，提供了誘因好發展出管治技能/技術；以某種管治方式產生某些管治效果。這無疑是把解釋、預測性的人類行為的因果法則，進一步推進至可以操作的實用層面，而不只是停留在理論上。對於那些為上帝國度大發熱心的教會，又或是純粹出於建立自己個人王國的教會領袖，又或是混雜上述兩種動機的人，社會科學所提供的這種管治技能/技術，不免是手到拿來的好工具。

如上所言，教會失序的過程，是一次因著高抬踐行而逐步引至的過程。在此我無意否定教會踐行的重要性，剛剛相反，其實教會沒有踐行也不成教會。問題是，認為教會的踐行跟三一上帝的拯救性恩慈活動沒有甚麼密切的關係，或者三一上帝頂多只是起初教會建立的起動者，此後就是教會自身的努力了，這是否恰當？當教會逐漸忽略教會的踐行需要置之於三一上帝的拯救性恩慈活動之中來被指導和規範，那麼教會就會容讓其他達致「客觀」「普遍」的社會科學提供指導和規範。特別在高抬踐行、重視轉化的氛圍底下，教會自身所相信的並沒有任何資源可供使用，以產生立竿見影的果效，於是社會科學的管治技能/技術就可以大派用場了。簡單來説，教會的失序，是指教會把其自身的踐行脱離或抽離三一上帝拯救性的恩慈活動來進行。這種脱離或抽離三一上帝的神聖介入，不免會引致教會視其自己乃是主要為人類所組成的羣體，因而合法地援引研究人類行為的社會科學。在這裏，社會科學取代了教義學，教會這個羣體變成是一個社會科學的概念而不再是教義學（特別是三一上帝經世拯救活動底下）的概念。這就是教會的失序。

2. 失序的後果

教會失序的後果，自然是教會不成教會了。教會一旦脱離三一上帝的拯救性恩慈活動，而按照人類羣體自身之運作規律生活，那麼這種教會就成了自然神論式/理神論式（deistic）的教會了。所謂自然神論/理神論（deism），是指上帝創造了這個世界之後，祂就抽身而退，從此不再介入這個世界，而這個世界則是按照上帝起初創造時所賦予的規律來運作，不再需要這位創造它的上帝了。自然神論式/理神論式的教會，也差不多是同樣的意思。起初，父上帝在基督裏透過聖靈所創造的教會，既然已經誕生了，三一上帝就應該功成身退，好讓教會自行運作。彷彿教會在出現的那一刻，她就已經一次過被賦予教會的本性，從此以後教會的本性永遠不會失落。這種對教會本性的看法，是靜態的而非動態的存有論，是非位格的而不是位格的存有論。

不理會三一上帝的神聖介入，教會怎樣回答「教會之踐行如何可能」這個問題？教會只有回到她自己本身這個由人類所組成的羣體來回答這個問題。教會在這裏立即落入自己塑造自己的境況之中，而不是在基督裏藉著聖靈塑造其自己。教會一旦脫離了三一上帝的拯救性恩慈作為，她的本性就出了問題；教會的本性不再由三一上帝的拯救性恩慈作為所決定，而由其自己的踐行所決定。教會的本性與踐行原是不可分割、一體兩面的。教會的本性和踐行都是由三一上帝拯救性的恩慈作為所決定的，有怎樣的本性就有怎樣的踐行，有怎樣的踐行就有怎樣的本性。教會的本性是在踐行中展現並塑造的，教會的踐行是生發自其本性並由其本性所指導；而最終，教會的本性和踐行都不能離開其所相信的三一上帝祂那拯救性的恩慈作為，否則教會不成教會。

教會失序，不單把教會的本性和踐行從三一上帝的經世拯救活動抽離出來，並且更進一步把教會的本性跟其踐行彼此分割開來；在高抬踐行的優先性底下，教會不再反思其自身的本性、其自身的本性跟其踐行的關係。但是教會的踐行仍然會起著塑造教會的本性的作用，問題只是，脫離了三一上帝的神聖介入，教會會被其自身的踐行塑造成甚麼樣子。這就涉及教會這個時候的踐行，是怎麼樣的踐行了。另一個相關的問題是，這樣的踐行會把教會帶往甚麼方向、她的目的（*telos*）是甚麼？一個透過自己的踐行而生的教會，她展現出來的模樣會是怎樣的？她朝向怎樣的目的來進發？如果教會的本性和目的最終是由教會的踐行所決定，那麼教會就是自己的創造主了，她在僭越三一上帝的主權，剝奪了三一上帝創造教會的主權地位。雖然教會仍然可以宣告耶穌基督是教會的主，但這宣告卻是空洞的，因為沒有以相應的踐行來實質化這宣告。再具體一點來說，就是教會沒有對三一上帝的經世拯救活動作出回應，沒有恆常不斷地活在父上帝在基督裏藉著聖靈的拯救之中，沒有恆常不斷地在其聚集一起時操練其對上帝話語——聖經——的聆聽、閱讀與踐行，沒有恆常不斷地在其散去時在生活的每一層面操練跟隨主耶穌作門徒……

當教會的踐行並不是因著三一上帝的拯救性話語而生起，就會出現異化的情況，讓教會更為遠離三一上帝的拯救。教會異化的面貌，是跟其異化的踐行相應的。教會失序時所引進、採取的踐行，很多時是來自社會科學的管治技能／技術。這種管治技能／技術，預設了社會科學對人類行為因果法則的掌握。那麼，這種踐行就是操控性的，教會這種操控性的踐行，是以自己為目的的。換句話說，教會的異化踐行，在脫離三一上帝的神聖介入之下，結果只會以自己為中心、以自己為目的來進發。教會以自己為目的可以是隱藏的，但卻是主導的。教會原是三一上帝所招聚的朝聖羣體，當教會不再朝著三一上帝來進發的時候，她的眼目就轉向了自己，而以自己為目的來建立和發展自己。這個時候，她將一切倒轉過來，原來教會是為三一上帝所用的，好見證三一上帝的拯救性恩慈作為，現在卻變成三一上帝為教會所用，好使教會壯大，為世人所識。因此，教會仍然會宣講三一上帝的作為，但已經另有目的。教會為了達到榮耀自己的目的，甚至不惜扭曲上帝的話語、淡化耶穌基督對作門徒的要求，重新解釋和演繹一套世人樂意接受的福音。這就是操控性的踐行。教會按照世人的需要，供應所需的信息和服事，讓其精神和心靈在無須悔改的情況底下也可以得到安慰和釋放。教會以無痛的福音來招聚會眾、籠絡世人，其實是一種操控性的管治技能/技術的運用。

然而，從福音信仰的內容來檢視教會這種踐行，就會看出其「異化」的地方。福音就是「好消息」，講的是道取了肉身的形式，來到世界，住在人羣中間，以「非暴力」「非強制」「非操控」的方式傳講及活出三一上帝想要這個世界活出的和好生命。耶穌基督的福音不只在內容上是一個和好的好消息，同時在其表達形式上也是展示出這和好的信息，而為名副其實的「好」消息。如果在內容上其為好消息，但在傳遞手法上則是操控的，那麼後者就會否定前者，使得好消息不再是好消息，福音不再是福音。因此，教會傳講福音、好消息的手法，應該受到福音、好消息的內容所規範，而與福音、好消息的內容一致。接受福音、好消息必須是自願的、非強制的，因為福音、好消息要講的就是和好，這種和好是雙方在非強制、自願的大前提底下，才能夠達至的。教會若以任何方式、手法來操控、引導別人對福音、好消息的接受，都是違背福音、好消息的本意的。教會的操控、引導可以是理性上的、情感上的、心靈上的。這裏的操控、引導不一定是威嚇性的，更多時候是一種投其所好的手法。很多時候，傳講的手法甚至主導傳講的內容，以致扭曲福音、約化福音，倒轉了傳講內容對傳講方式的規範，改變成傳講方式對傳講內容的規範，由此而做成徹底的教會失序。

教會若是忠於耶穌基督是主，那她就會跟隨耶穌基督的方式來傳講和生活，而不落入操控性的踐行之中。這樣的教會清楚知道她的本性和身分是來自她對耶穌基督的徹底追隨。然而，一旦教會逐漸忽略其為耶穌基督的門徒羣體，那麼她就會出現身分、意義的危機。當教會不再透過三一上帝拯救性的恩慈活動來看待自己，那她就只能像這個世界上的其他一切羣體那樣，以自己為目的。這樣的教會會透過自己生產自己來肯定自己、賦予自己意義，而要確保自己能夠生產自己，她就必須掌握和控制一切，社會科學的管治技能／技術被引入是自然而然的。這樣的教會不再是「為他的」而是「為己的」，不再是真正朝外的，因為一切的朝外都不過是一種手段好來壯大自己的王國。這就是以自己的王國為目的，而不是以上帝的國度為目的。

如果教會可以在傳福音的手法上罔顧福音的內容，那麼教會也可以在生活上——無論教會聚集或散開時的生活——罔顧福音的內容。這裏所謂的罔顧，可以指到宣講和教導的時候是一套，但生活踐行的時候卻是另一套。於是教會出現精神分裂，就是言行不一的情況。但更嚴重的是，教會的宣講和教導，跟其生活踐行完全一致，只是這種一致，卻是錯謬的宣講和教導，跟錯謬的生活踐行相一致。這樣子的教會，是徹底失序的教會，她變成不是福音的教會。這樣的教會不再以其所言所行來具體展現（embodiment）耶穌基督自己教導又活出的福音。這樣的教會其實只以基督為幌子、招牌，卻沒有為基督的福音所滲透，反倒轉過來掏空福音的內容，摻入一些讓參與者在理性上、情感上、心靈上感覺良好的另類信息；以輕鬆、無痛、即食的手法傳遞，展現輕鬆、無痛、即食的信仰。這樣的教會，盡都是從管治的角度出發來營運，以便掌握和控制一切，使得教會的一切都落入一種計算式的處理之中，好達到自己生產自己的最終目的，藉此而證成自己存在的意義。

二　再思教會的本性、目的和職事

教會的本性、目的和職事，全都不是由教會自身來決定的，這樣的講法背後的理由是神學的，而非社會科學的。這是因為教會是屬於上帝的，是由三一上帝所創設及構成的，並且是內在於三一上帝整個經世拯救工作之中的。三一上帝的整個經世拯救活動，基本上，規限了教會這個羣體的本性、目的和職事。這裏特別要強調的是，在三一上帝的整個經世拯救活動，三一上帝一直是那位發動、參與、落實，以及最終圓成拯救的神聖者，祂沒有任何一刻抽身離開這個拯救過程。我並不相信基督教在拯救論上可以容許自然神論式/理神論式的面貌出現，這是指到三一上帝施行拯救之後就不再臨到繼續幫助被拯救者。這樣的思想其背後的理由，很可能是認為三一上帝的拯救是一次過完成的，無須繼後的持續工作。但是從很多方面來說這都是不成立的，在這裏我們只說一點。拯救是一個過程，不能只限定在稱義的一刻，而應該包括稱義之後的成聖，以及終末圓成。在這過程之中，不單稱義是三一上帝的工作，成聖和終末圓成也同樣是三一上帝的工作。

如果教會不能稍為離開三一上帝的經世拯救活動而可以存在的話，那麼她就不只是一個人類組成的羣體，而是一個三一上帝參與其中的羣體。不單如此，如果我們把教會之生起與構成置於三一上帝的經世拯救活動來審視的話，那麼我們同樣要注意教會這羣體與其之前的以色列羣體的連續性和斷裂性，因為以色列羣體也是三一上帝的經世拯救活動底下所創造出來的。另一方面，我們亦可以注意到三一上帝的經世拯救活動的終末圓成，即上帝的國度，跟教會的關係。這樣一來，教會就是在以色列羣體之後出現的，但教會並非終點，而是朝向上帝終末的圓滿國度而邁進的。這終末的上帝國度是三一上帝的經世拯救活動的目的，從這樣的角度來看，教會並不能以自己為終極目的來過日子，固然，教會並非首先的也不是末後的，但即使在三一上帝的經世拯救進程之中，教會亦不是首先的和末後的，教會永遠要被置於以色列羣體與上帝終末國度之間來審視和定位。

1. 教會的本性和目的

教會的本性和目的有甚麼關係？簡單來說，教會在基督裏藉著聖靈的加力底下，活出三一上帝心意中的生命與生活，那教會的本性就不單呈現而為可見的，也具體化及實質化。當教會具體地活出三一上帝心意中的新人類羣體的生命和生活時，她也同時實現、達到她自己的目的。在這裏，教會的本性和目的是相關的。然而，教會的本性並非她自身的潛質，以致教會的目的絕對不能被了解為這內在的潛質的實現。教會的本性與目的的關係，不能以亞里士多德（Aristotle）的潛態（potentiality）與顯態（actuality）來把握，否則就是一種內在主義（immanentism）。教會本性的生起，不是出自她自己內在的任何東西，教會之為教會乃在於外在的因素和力量，而非內在的本質和能力。當教會的本性生起而活現出來，而具體化和實質化，那教會的目的就同時達到了。同樣，教會實現其目的，也是出於外在的因素和力量而非內在的本質和能力。離開三一上帝的經世拯救，根本不可講論教會的本性和目的；嚴格來說，根本不可講論教會，因為離開三一上帝的經世拯救，便沒有教會。教會的本性和目的，簡單來説，就是在三一上帝的經世拯救活動底下，決定了教會的本性；而教會成其所是，即教會成為教會，那就是教會的目的了。因此教會本性之外沒有教會目的；三一上帝的經世拯救活動之外，沒有教會的本性。

我們都知道，新約聖經清楚教導我們，教會是聖靈在耶穌基督的基礎之上建立起來的。使徒行傳二章的圖畫告訴我們，彼得的宣講內容主要講到耶穌基督的生、死、復活，最後認信祂是基督。聽的人都扎心、悔改、受洗/浸和領受聖靈。教會作為門徒羣體就生起了。保羅在哥林多前書二章清楚指出，聖靈的大能使人相信他所傳講那被釘十字架的耶穌，十二章又説：「若不是被聖靈感動也沒有一個人能説『耶穌是主』。」(新漢語譯本)簡單來説，耶穌被釘死，然後復活過來，升到父上帝的右邊，差派聖靈降臨；然後聖靈以其大能帶領人進入耶穌基督的真理之中，感動人相信耶穌是基督，悔改離罪跟隨主耶穌作祂的門徒，並且聚集在一起，過一種有別於墮落、邪惡世界的生活。沒有耶穌基督在世的生活、被釘死、復活，就沒有教會這個門徒羣體；沒有聖靈的感動，也沒有教會這個門徒羣體。

在這裏，教會作為門徒羣體，是跟隨耶穌基督來生活的。這裏所講的「跟隨」是一種規範性語言，即教會這門徒羣體是受到耶穌基督所規範的，而這規範的範圍是全面的，整個門徒羣體其每一層面的生活，無論聚集時的生活或是散開時的生活，都受到耶穌基督所規範。這是保羅所講的承認「耶穌是主」的意思。但是耶穌基督的規範並非抽象原則的規範。耶穌基督所教導的是生活的律法，祂更以身作則具體地活出律法，讓祂的門徒可以學習、可以追隨、可以教導、可以指引。律法原是上帝賜給以色列人，讓他們在其獨特的處境中活得豐盛，也藉此向列邦見證他們所相信的上帝，吸引列邦歸向上帝，好逆轉原初人類背叛上帝的命途。律法原是生命之道，可惜以色列人後來沒有以感激之心來遵行律法，結果他們以能守律法而要求上帝賜福，不單沒有帶著感激上帝的心來遵守律法以保生命，更自高自大地以道德、敬虔來索取賞賜。然而，耶穌基督沒有廢棄原先賜給以色列人的律法，祂藉著聖靈的加力，不單具體地，更是圓滿地展現律法這生命之道，由此而可以建立新以色列羣體——教會這門徒羣體。

教會這門徒羣體跟以色列羣體同樣要受三一上帝所規範，這規範同樣跟律法有關。然而，兩者不同的地方在於以色列羣體並無一具體、圓滿的榜樣可以跟隨，去實踐律法。耶穌基督這個榜樣不單具體、圓滿地展現律法，並且顯明不靠自己惟靠聖靈加力來活出律法：愛上帝和愛鄰舍；一切律法不外具體地指引在當時處境之中，如何愛上帝如何愛鄰舍。教會這個門徒羣體，從起初的建立開始，就已經在聖靈的感動底下，認信及接受耶穌基督的拯救，追隨並學效祂那愛上帝和愛鄰舍的榜樣，在生活中活出三一上帝心意中的生命。教會跟以色列羣體的分別，在於三一上帝比以前更臨在這門徒羣體來幫助她、建立她。不單聖子上帝道成肉身，並且聖靈上帝接續聖子上帝的工作，持續地、不離不棄地在門徒羣體中間帶領他們進入耶穌基督所成就的拯救真理之中，與父上帝復和，教會即由此生起。

然而，教會的生起，並非一成永成，當下圓滿的。只有教會之本性恆常在生發之中，教會才是教會，教會才達至教會的目的，但這種達至又永遠不是完成式的達至，於是教會的生發，不過是指向三一上帝圓滿終成的國度。那是三一上帝想望的目的，也是教會想望進入的國度。教會在生發中所指向的，也是其在生發中所預嘗的。教會在生發中這雙重特性，其作用、目的是向世界作見證。一方面，這表明教會在其宣講與踐行之中所指向的三一上帝所終成的國度，才是這個世界以及教會的終極目的。另一方面，三一上帝所終成的國度卻又並非當下完全不可瞥見的，教會的宣講及踐行作為上帝終成國度的預嘗，表明其所指向的正是教會現在所參與、有分的實在。教會這個門徒羣體之所以能夠指向三一上帝終成的圓滿國度，只在於她在三一上帝的介入底下活在其經世的拯救活動之中，參與、有分於這在終末將來才圓滿終成的國度。

2. 教會的職事

在思考教會的職事的時候，總是不能完全把三一上帝的經世拯救活動置諸腦後。教會的職事必須跟其本性關連起來以進行思考。這樣的意思，首先是指到教會的職事不能完全跟其本性無關，甚至相反、矛盾，因為教會的本性是在生發之中的，所以教會的職事就是要讓教會成其所是、教會成為教會，否則教會所作的一切，都是不相干的，既不相干於教會之本性，也不相干於那使教會成為教會的神聖經世拯救。換句話説，教會的職事具有一種敞開自己容讓三一上帝臨在教會之中持續地建立及構成教會的作用，從這個角度來看，教會首要的職事乃是宣講和教導三一上帝的經世拯救工作，並且特別是父上帝在耶穌基督靠著聖靈的能力所實現的拯救，因為這是教會之所以生起並持續地生起的原因。教會必須持續地宣講及教導聖經所見證的三一上帝的經世拯救工作，好讓自己不會忘記也不會離開三一上帝的經世拯救工作。教會在宣講的同時，她也聆聽；教會在教導的同時，她也學習。教會在聆聽及學習聖經——成文的上帝話語，在聖靈的感動和帶領底下，教會再一次進入認識耶穌基督這一位格性相交的活動之中，而得到拯救、更新。基本上，教會的宣講與聆聽，教導與學習，是以崇拜為核心的，延展開去而有查經聚會及主日學等。在這裏我們需要注意的是，教會的宣講及教導聖經上帝的話語，在內容上固然不能增加減少，或者只作點綴作用，在手法上亦不可以出於計算和操控，否則就會阻礙聖靈上帝的工作，最後一切果效都不過是人為的。

在教會這個信仰羣體的崇拜之中，我們謙卑及專注地聆聽和學習聖經所見證的三一上帝在世的拯救工作，特別是耶穌基督道成肉身的臨在。教會因著崇拜中對上帝話語的宣講與教導，而把門徒從世界中分別出來而聚集在上帝話語面前，藉著聖靈的感動能力引領門徒進入三一上帝經世的拯救世界之中，而跟隨主耶穌基督：跟昔日的門徒羣體一起與主耶穌生活，一起走過主耶穌走過的道路，一起聆聽主耶穌在不同場合跟不同的人物對談、爭辯或教導，一起面對十字架之前在客西馬尼園的試探，甚至一起在黑夜中四散，然後一起在以馬忤斯的路上遇見那位復活的主耶穌……

我們在教會的宣講和聖經教導裏，跟隨主耶穌作門徒，跟隨主耶穌學習怎樣愛上帝也愛鄰舍。我們不單需要靠著聖靈來進入聖經所見證的三一上帝的拯救世界，跟隨主耶穌學習愛上帝愛鄰舍，我們也需要靠著聖靈在教會弟兄姊妹中間踐行主耶穌對門徒羣體聚集一起生活的教導。跟隨主耶穌基督的門徒羣體必須是一個踐行的羣體。這個門徒羣體聚集一起時，是怎樣生活的？這個門徒羣體散開進入社會時，又是怎樣生活的？跟隨是踐行，踐行主耶穌所教導又活出的生命和生活。教會這個門徒羣體聚集一起時，就是跟隨主耶穌活出三一上帝心意中的生命。被召喚而跟隨，是分別為聖，是聖潔；是從這個被罪惡滲透的世界中分別出來而歸入三一上帝的世界，而有另一種生活方式，另一種人與上帝的關係，另一種人與人的關係，另一種人與物的關係。前面我們講過人在崇拜之中跟上帝的關係：專一聆聽、學習上帝的話語、在禱告中操練對上帝的等候與盼望，在主餐中承認自己是個只以自己為中心、好攬小圈子排斥別人的罪人……這是另一種人與上帝的關係。門徒的羣體生活，也是另一種人與人的關係的踐行。主餐同時是彼此分享生活所需的倫理踐行，為有需要的弟兄姊妹代禱是分擔他/她生活裏/生命裏的艱難，寬恕得罪自己的弟兄姊妹七十個七次是學效主耶穌愛仇敵的教導與生命，從而磨練自己的忍耐，勸誡軟弱跌倒的弟兄姊妹是因為在主耶穌基督裏我們是一個身體，所以一個都不可以少，用心聆聽弟兄姊妹中間那沉默無聲的呼喊是我們對其所欠的服事……這一切都是另類不一樣的生活，這一切都是讓教會成為教會的生活。這一切都是教會職事所要成就的。

最後，信仰羣體是一個接待的羣體。門徒聚集在一起生活的時候，要踐行的就是彼此接待，上面所講的莫不是如此。然而，門徒羣體還要敞開她自己，好接待外人——那些尚未認識或接受耶穌為主的人。門徒羣體在聚集時要向這個世界敞開，門徒羣體在散開時也要向這個世界敞開。前者是邀請這個世界進入門徒羣體之中，後者是門徒羣體進到這個世界之中，兩者都同有一個目的，就是向他們見證三一上帝的經世拯救，以及上帝終末圓滿的國度。這是一種接待外人的踐行。這種接待外人的踐行，其實是以主耶穌為榜樣。三一上帝的經世拯救活動就是一種接待的舉動，這種接待不單是接待外人並且是接待仇敵的舉動，耶穌基督的整個生命和生活，就是具體實在地展現三一上帝的接待本性，教會這個門徒羣體原是父上帝在基督裏透過聖靈的接待所生起的。因此，門徒羣體跟隨主耶穌，也要活出這樣的生命。除了彼此接待之外，無論在聚集或散開之時，都要敞開自己，接待那些與三一上帝敵對的也過著跟門徒羣體不一樣生活的外人，好讓他們聽見又看見三一上帝的經世拯救具體地展現於門徒羣體那接待他人的生命和生活之中。這是教會要活出的見證職事。

教會的職事，包括宣講（與聆聽）和教導（與學習）上帝話語的職事、彼此服事的職事、見證的職事，都不過是一種對三一上帝經世拯救的回應而活出的生命，然而藉此三一上帝卻持續地介入、參與教會的生活，也藉此教會被塑造、養育而成教會。簡單地說，教會只有持續地活在三一上帝的經世拯救活動之中，才沒有失序，才沒有不成教會，才是成其所是。

三　結語

教會是在三一上帝的經世拯救活動中生起的，因此，教會的本性、目的和職事都是由三一上帝的經世拯救活動來決定的。在這裏，教會並不自己生產自己，她的本性不在於計算和操控；教會不以自己為終極目的，而是指向及有分於三一上帝終末圓滿的國度，那麼她就完成了她自己。在這一過程中，教會的本性表現為脆弱的、接受的/領受的。教會在聆聽和學習上帝話語的時候，她並不能計算和操控而只能靜默和等候。教會在彼此服事的時候，她並不能計算和操控而只能謙卑、忍耐、和平。教會在向這個世界作見證的時候，她並不能計算和操控而只能溫柔、對話。教會這種脆弱的、接受的/領受的本性不是自生的，而是在跟隨耶穌基督以祂為主並因著聖靈的加力底下被塑造、培育出來的。這樣的教會再一次讓人看見其為脆弱的、接受的/領受的耶穌基督的門徒羣體。父上帝正是透過聖靈加力給耶穌基督活出脆弱的、接受的/領受的生活，來生起跟這個強調計算與操控的世界不一樣的教會。因此，這樣的教會，在三一上帝經世的拯救活動之中，其之所以是脆弱的、接受的/領受的，而不是計算的、操控的，是因為她有分於耶穌基督那脆弱的、接受的生命，而不是屬於計算的、操控的生命。這樣的教會才是活在三一上帝經世拯救秩序和條理之中，而得新生命。

教會何以另類？超越社會實在論的教會觀

作者簡介：

禤智偉，英國劍橋大學（University of Cambridge）社會人類學博士，牛津布魯克斯大學（Oxford Brookes University）神學及宗教學士（一級榮譽）。二〇〇一至二〇〇八年間曾任職特區政府政務職系，參與社會政策的制訂；後從事公共議題的神學研究工作。現為香港浸信會神學院實用神學（社會倫理）助理教授，教學之餘埋首寫作《公共神學（不）是甚麼》一書。

「教會不成教會！」—— 這個難堪的公開祕密已經寫在教會的牆上。然而，不少教牧、信徒選擇視而不見，甚或對此諱莫如深；更多人則對教會心灰意冷，卻又莫可奈何。於是，教會不成教會便成為了教會的「不在場證據」(*alibi*)，為教會沒有成為教會、不能夠（甚至不需要）成為教會而製造遁辭。[1] 也因此，「讓教會成為教會」（let the church be the church）反而被輕蔑為一句空洞的口號，以及一廂情願的天真理想。

「教會成為教會」到底是甚麼意思？這牽涉到「教會是甚麼？」，是教會的存有或本質（being）的形而上問題。但教會論不單純是本體論的探討，更加是規範性的，關乎「怎樣才是教會？」，即是教會的目的或所是所由（*telos*）。因此，「誰是教會？」，如何抉擇教會論的題材（subject matter）和主體/對象（subject），就至關緊要。教會論應該問甚麼問題？怎樣問？這些神學方法學的疑難一直困擾它的發展，教會論在教義神學中應佔何種位置也備受質疑，相關的著述要不是在理論建構上簡陋鬆散，就是停留在「元論述」（meta-discourse）的高層次哲理辯證。

天主教神學家希利（Nicholas Healy）點出了現代教會論的一種普遍趨勢，就是滿足於勾畫藍圖（blueprints），抽象地空談教會在應然層面上的本質性完美（essential perfection），並以單一的原理、原型、或形象等來囊括表徵。[2] 但希利留意到過去二十多年來，出現了一些「新教會論」（new ecclesiologies），它們的特徵是聚焦於現實教會的具體踐行（practices of concrete church）。[3] 而帶領神學反思轉向真實存在的教會的神學家，侯活士（Stanley Hauerwas）是代表人物之一；更近期的第二代新教會論者則包括唐娜（Kathryn Tanner）。希利自己所主張一套「實踐性和先知式」的教會論（practical-prophetic ecclesiology）對這個新發展也作出重要的貢獻，可是他對其他的新教會論的評價不一。大體上，他對侯活士及與其一脈相承的神學獻議有甚多保留，而偏向認同唐娜的理論進路，特別是關於「實作」（practice）這個社會理論的概念在神學倫理學和教會論上的應用。[4] 就罪性、恩典、聖靈等的基本神學立場上，希利更明顯地近唐娜、而遠侯活士。此外，對於基進正統（radical orthodoxy）的靈魂人物米爾班克（John Milbank）將教會視為一個嶄新的或另類的社會，[5] 希利和唐娜均認為在社會學上根本講不通，且與真實存在的教會處境不符；他們更加憂慮這類強調教會與世界區別的講法，會導致一種「流別主義」（sectarianism）。[6] 不少人視米爾班克為侯活士在神哲學上最精密的詮釋者，而對侯活士最常見的批評（和誤解）也正是將他定型為一個流別主義者，因此希利和唐娜對米爾班克的批評，也同樣是對侯活士的批評。

本文將會論證：侯活士的教會觀，非但不會導致希利所擔心的理論上、神學上、倫理上的缺失；反而，侯活士整套以教會為中心，從教會而出、為教會而立的「教會神學」（ecclesial theology），能以更具體（embodied）的方式有效回應希利所提出的，教會生活當下面對的實存挑戰。本文的主旨是：要準確掌握教會成為另類的可能性，必先從釐清「教會」、「成為教會」、「世界」這些**神學概念**的意涵和特質入手；換言之，用**社會學概念**（例如「社會」、「文化」等）來理解教會，必然會扭曲混淆教會的本質。

一　代模和類型使教會論失序

一個新近的例子，足以示範希利所列舉教會論的通病。李駿康的《現代教會論類型學》[7] 採用類型學（typology）的方法，比較和分析三種不同的教會論代模（models）：自由、認信和顛覆的類型。跟所有採用類型和代模的神學論述一樣，李駿康提出的分類是否中肯公正，內容是否貼切準確，甚至類型是否必須相互獨立、完全窮盡（mutually exclusive, collectively exhaustive），這些疑問固然有甚多可議之處。[8] 但更關鍵的是：究竟類型學是否適宜用來做教會論神學反思的工具？長久以來，類型學被不加批判地當作一種普遍通用和中性的神學方法，卻存在濫用和概念混亂的情況，最經典的莫如理查．尼布爾（H. Richard Niebuhr）的名著《基督與文化》（*Christ and Culture*）。[9] 此方法學常見的弊病就是論者拿不定主意：類型的性質和功用，到底只屬啟發性，還是規範性；是描述性，還是理想性；還是兼顧多種用途，故意混為一談，方便任意挪用？類型使用者往往沒有交代：為甚麼他們一方面承認，類型的建構必然通過片面簡化、甚至誇張扭曲的過程，因此類型不足以直接對應、描述或解釋現實；但另一方面，卻可以利用類型將現實統涉歸類，以追求對世界更深刻的理解。[10] 所以，當李駿康應用三款類型進行「反思和指引」，他先將華人主流教會定性為接近認信類型，[11] 然後以此標準評斷香港教會，他憑甚麼證據將本地不同教會和基督教組織如此歸類？認信類型的教會論，對香港眾教會，在信念和行為上有何權威性和有效性，非要服膺於這種類型不可？

弔詭的是，當李駿康批評香港教會採取屬靈、屬世二分的態度而選擇性地關心社會，因而被社會邊緣化和排斥，讀者難以研判，應歸咎於香港教會所實踐的教會論**太忠於**認信類型，還是**不夠正宗**？[12] 同樣道理，李駿康對認信類型教會論強弱優劣的分析也是模稜兩可、各打五十的。他既認同認信類型強調的是教會與世界的分別、而不分離，所以不必然引申出屬靈、屬世對立的敵對立場，而是以另類的身分和價值服事社會，因此擁有一種對教會和對世界雙重批判的動力；但他同時責難認信類型有自我封閉的傾向，容易使其社會使命和見證不為公眾所理解和接納，而難以發揮功效。[13] 讀者也就無法判斷，到底這些所謂的缺點是認信類型教會論內部本質上的必然矛盾，還是實踐時的處境性偶然結果，還是根本上，在李駿康構造這個抽象的類型時，預早有意無意的植入了張力，使其與另外兩個類型同樣難以取捨？

李駿康的教會論代模就是希利所批評的藍圖。希利指出，絕大部分的教會論都隱含一種「雙層詮釋」（twofold construal）的本體論，將教會的存有分割為上下兩個層階：隱祕的、靈性的、原真的、永恆的、神學的本色實在；可見的、日常的、失真的、現世的、社會學的次等表象和顯現；後者見證、指向、呈現前者，而前者總比後者優勝、完美、真實，且具有決定性。希利反對教會論憑空臆測淩駕和規範現實教會具體踐行的藍圖，因為這些高高在上的空泛理想永遠是對的；作為用以審度教會的量尺，它們不能被證偽或推翻，而需要被改造、修正的只會是不能完全符合這些願景的真實教會。[14] 這些藍圖在理想與現實、理論與實踐之間首先畫上一道鴻溝，然後寄生於兩者的「落差」之間，以調停彼此割離的張力來自我證成。但藍圖繪師對藍圖本身的規範性質來源（source of normativity），卻通常不了了之。

希利認為，藍圖式的教會論非但無益、更加有害，因為藍圖可以任意扭曲教會的自我形象，障礙我們反省真實教會生活在內部和外部面對的種種挑戰、失敗，甚至過犯。希利總稱這些內外挑戰為「教會論性質的脈絡」(ecclesiological context)[15] —— 或可理解為現實教會掙扎成為教會的脈絡 —— 而對任何教會論的評論都必須從它能否幫助教會適切地回應她身處的脈絡作為準繩,教會論須以真實教會的具體個性(concrete identity)作為反思的素材和對象。就此,希利贊同侯活士對神學與倫理學分家(disjunction)的批判:教義的正統、正確先行,而倫理想像和踐行淪為遲來的後設添加(afterthought)。[16] 藍圖式教會論的邏輯,就是意圖**首先**一次過搞清楚(完美)教會的形象,**然後**才以此為基礎,發掘實踐理想的應用性和可行性。若以侯活士的角度進一步說明,藍圖的缺點不在於它們太規範性、太理想化,因而脫離現實,而是它們的倫理性是先天地被淘空,與具體踐行是不搭扣的。相比於基督信仰的故事,藍圖的本質就明顯地是抽象的、原理性的,藍圖的實踐蘊涵和倫理意義未被完全說明,而總是尚待詮釋的(under-interpreted)。[17]

無論對希利,還是侯活士來說,教會論必然是倫理性的論述。**成為教會有好與壞、對與錯的方式,教會論就是對這些不同方式做神學辨識**。教會論有描述性、分析性的元素,但不能模仿實證科學(positive science)或者思想史,佯裝抽離地觀察歸納,止於對他人的教會論評論闡釋;否則就只是**談**教會論,而沒有**做**教會論。按鄧紹光的說法,缺乏指導軌約作用的教會論,就是「失序」的教會論。[18] 類型學標榜價值中立,當結合代模來思考教會論,便助長一種偽裝的客觀,令論述失去明確的規矩。類型學先驗地假設沒有最佳、絕對、完美的代模，因此對所有選項採取一視同仁、公平對待的開放態度。尤達（John Howard Yoder）形容，這種立場將「均衡可取性」（equiprobabilism）當為金科玉律，所謂「持平」被高舉為美德——不對任何的選項作出通盤的、總結性的肯定或否定，只是個別地對它們說長道短，然後任由受眾按喜好揀擇。[19] 於是類型學的應用犯了最少兩個自相矛盾的錯誤：一方面，它從方法學上的邏輯前設推演出一個錯誤的實質結論，就是既然沒有單一的「基督教答案」，所有的答案都是平等地有參考價值，從多元主義歸結到相對主義；[20] 另一方面，類型使用者擺出一副不歸邊、不表態的超脫姿態，卻鮮有不在他們對不同代模評頭品足的過程中流露出自己的偏好；往往在鋪陳不同選項的先後次序上就可以看出正反合的內在辯證邏輯，暗示最後出場的綜合選項就是較佳的中庸之道。以李駿康為例，雖然他明言第三種「顛覆類型」並不比前兩種優越，但他對此類型的評價卻特別寬鬆，竟然因為它尚未在華人教會和神學界中發展成熟，就視之為極具潛力、「大有可為」！[21]

李駿康一直強調類型學的好處，是不需為各個類型定高下，不作價值判斷，甚至說這種研究方法是超越文化的（transcultural）。[22] 然而，當衡量每個類型的長短得失的時候，他明顯採用的價值判斷就是：每個類型是否有利於教會的社會參與，爭取與教會外羣體的對話、合作、認同；還是會否導致教會故步自封、自說自話，被社會敵視、排斥、抗拒、邊緣化？[23] 李駿康迴避了更基本的價值問題：為甚麼當教會忠於其使命，因而被社會排斥，就一定意味是其教會論出錯？李駿康坦言，在構建其類型學時，他將任何被認定為主張教會與世界分離的教會論，從考慮範圍之內預先剔除。[24] 在總結時，他說：「教會作為基督教信仰與社會文化的中介橋梁，必須承擔起對社會的使命，並要對社會文化有充分的理解，和正視自身與世界的關係……。」[25] 這並非是運用類型學而得出的分析結論，而是先入為主的定義，也就是他自己一套沒有宣之於口的教會觀。因為，只有另一套教會觀才能批判其他的教會觀，所以教會論不能被當成價值中立的實證學科來做。雖然類型使用者的超然角色，會令他表面上佔據了修辭優勢，好像不需要說明自己是否擁有一套貫徹的教會觀，也就不需要為自己的立場（或沒有立場、或立場不定）而辯護；但其實他沒有因為站在分類者的位置，而自動超越於他所羅列的選項，他的立場只是眾多選項之一，是它們的競爭者、而非仲裁者，不能免疫於其他選項的挑戰。

以代模和類型作思考工具，其神學辨識單薄貧乏，並引致教會論失序的弊端，這已從李駿康的框架問題（framing question）體現出來。龔立人為李駿康寫的序言，開宗明義就將「甚麼是教會？」的問題，翻譯成「教會與其所身處的世界關係如何？」的問題。[26] 類似的進路似乎已經普遍地成為教會論的主流，而在論述的過程中「世界」很快便會在毫無先兆的情況下，與「社會」、「文化」交替使用。「世界」此神學概念不知不覺間，被其他社會學概念所取代，而且神學家運用「社會」、「文化」這些觀念時，總傾向抽象和鐵板一塊（monolithic），而未加以細緻的識別。當「世界」被理解為「社會」，社會參與彷彿就是教會和世界惟一合法的關係。李駿康銳意要使教會重返公共，於是就將教會的社會使命界定為認識、批判、轉化社會，無論如何也不容許教會放棄對世界的責任，也不能接受教會被邊緣化的可能。[27] 這種觀點的後果，就是令教會的政治議程和社會職事由社會的需要所主導和規限。為求更有效服事社會，功效和效率（efficacy and efficiency）的考慮和計算就脅持了教會的社會見證，而不是以忠信（faithfulness）作為決定性的基準，這是一種失序。

另外，類型學的設計需要就教會與世界之間的關係性（relationality），不作具體說明（unspecified）以保存歧義，方能概括不同代模對此關係的多樣化界定。可惜這種強調教會與世界之間關係性的框架，仍然受制於它要擺脫的二元論，因為它將這種關係看成是外在、而非內在的（intrinsic）。它假設了我們可以先獨立、分別地認識「教會」和「世界」，然後才開始談論應如何把它們聯繫起來。尤其是當「世界」被理解成「社會」，教會與世界之間的關係就呼之欲出：一個小社羣和大社會（society-at-large）之間部分和整體（part-and-whole）的關係，而其他的本體論可能性就被掩蓋和抹煞。龔立人清楚知道，說教會與世界之間的關係是雙向互動，也仍然太抽象空洞，表面上以為「教會」與「世界」是對等的概念，實際上這種關係可能是一方操縱、主宰、支配另一方，是不平等的。[28] 但若以為「教會」與「世界」都是關係詞（relational concepts），因此這兩個概念就等量齊觀、互相定義對方，要認識教會就必先認識世界、反之亦然，這就大錯特錯！[29] 這除了是將語意學和知識論混為一談，更加是將形式上（formal）的關係誤以為是實質的關係，以邏輯內容取代神學判斷。尤達和侯活士的反建議是：世界必須經由教會（的故事）才能真確地知道自己是世界，因此在知識論上，教會相對世界而具有優先性（epistemological primacy），所謂「讓教會成為教會」其實也是「讓世界成為世界」。[30] 教會和世界這兩個神學概念的關係因而是敘事性的，而不是空間性（spatial）的。將教會和世界/社會想像成平起平坐的對口單位（counterparts），而放棄辨識它們之間先後、主從的關係，忽略彼此應有的「他性」（otherness），這是另一種更嚴重的失序。

龔立人強調神學視野對教會論而言，不是可有可無的；但教會需要認識她身處的世界，仍要兼顧社會學的功能論考慮，而兩者不必對立。可是，李駿康的類型學正正就缺乏神學判斷，當他跟從龔立人的主張，將教會論的任務界定為認識教會與世界的**關係**，諷刺的是，他懸擱了「教會是甚麼？」這條基本的教會論問題！他只問教會應怎樣服事社會，「我們該做甚麼？」的問題（what we ought to do?）；而不問教會「該成為一羣怎樣的人？」（what kind of people we should be?）。[31] 李駿康的教會論甚至可說是毫無神學向度可言的，因為在他權衡三個類型的考量當中，三一上帝的經世拯救不曾發生任何作用，是人在不同教會論類型之間選擇，而非由上主的作為來判別對錯好壞。[32] 無疑，我們對教會該如何成為教會的認識是不斷仍在形塑之中，但不等如說教會的所是所由尤在懸而未決，要聽候實踐成功與否來發落，彷彿教會應該成為甚麼，有待教會和世界互動交涉之後，才能有真實的答案。[33] 可是，基督信仰關乎一個預先知道終局的故事，罔顧教會對此的認信和盼望，不將我們的教會（論）放置在這個敘事的內容和秩序裏受審判，教會（論）就注定失序。[34]

二　教會不等同「基督教文化」

在現代教會論的討論當中，神學課題依然經常被還原為社會學課題，後者佔了主導性的地位，特別是當神學家認真去問「教會是甚麼？」的時候，他們幾乎慣常地取用「社會」、「文化」等這些社會學概念，但卻昧於相關社會理論在經歷後現代批判之後的最新動態。唐娜的《文化諸論：神學新議程》（*Theories of Culture: A New Agenda for Theology*）[35] 就此而為神學補課，是一個值得認真回應的例外。可是，假如李駿康因為沒有問對問題，而示範了教會論不應該怎樣做；唐娜就因為問錯了問題，而沒有去做教會論。

唐娜要應付的並非教會論，而是尋問基督徒/基督教的個性或自我身分認識（Christian identity）——究竟**基督教**能否被視為一個獨特的文化？——所以**基督教會**在她的書裏面並不在場。「教會」只擔當客串角色而沒有真正出場，因為唐娜一開始就否定了米爾班克將教會定性為新的或另類的社會，在她眼中，基督徒的社會踐行不足以使他們構成一個具有自己獨特文化的團體（social group），遑論一羣有集體歸屬的人民（a people）；例如初代教會就沒有發展出獨立且有別於猶太人、希臘人、羅馬人等，一應俱全（full-blown）的「基督徒社會」。簡而言之，教會並非基督徒惟一或全時間參與的社羣，當基督徒加入教會之後，他們仍然維持了很多其他教會以外的角色和權責，教會外的社會關係更會滲透和影響教會內的人際關係。從社會學角度來看，教會更像一個具有特殊入會儀式的志願社團或協會（club），或最多在功能和密切關係上近乎一種替代的類家庭（substitute family）。[36]

在否定了以社會性的字眼（social terms）來理解基督教之後，唐娜就理所當然地採取一種「文化轉向」。她意識到無論「文化」這個詞語有否在字裏行間出現，文化概念在當代神學論述中幾乎無處不在，因此有必要從人類學視角檢視神學作為一種文化實作的本質和任務。[37] 可是，唐娜嘗試疏理後現代對現代文化概念的顛覆時，她的進路是迂迴曲折，甚至舉步維艱的，因為她的問題意識仍然是一種被抑壓的現代主義，而她的答案也沒有全心全意擁抱後現代的解構。唐娜自覺地不對後現代主義照單全收，而只想借助它去革新神學的議程。

唐娜認為將基督教看成**一個**文化（**a** culture）是不盡不實的：[38] 一方面，基督教在時間和地理維度的幅員太廣，無法將歷代基督徒所信、所講、所行統一成一個文化個體；另一方面，基督信仰並不是一種涵蓋生活各範疇、完全的生活方式（complete way of life），缺乏別的人類文化所擁有的諸多社會功能。[39] 唐娜詳細討論了現代文化概念如何將文化想像成脱離歷史因緣際會（contingency）、一個個內在協調的統一體（coherent wholes），以及為何在後現代的批判下，這種觀點已經站不住腳。[40] 很多我們加諸於文化的特質（例如其系統性），其實是文化觀察者理論建構的副作用，是理論的知性要求強加於具體實作的偏見（intellectualistic bias）。[41] 在當代實作理論中，文化概念不再具有解釋能力，反而文化現象需要被詮釋和解釋；文化本身也再無實體，失去成為其他事件的動因的能力（causal power），文化（概念）是徹底的人為建構（human construction），包括諸文化的自我身分、它們之間的界限，都是社會實作的可爭議（contestable）成果。後現代主義眼中的文化，是充滿交雜性（hybridity）和糾纏不清的，沒有穩定狀態、固定邊界、中心點，而像內部紛亂矛盾的絨毛體（fuzzy and fissured）；文化與社會也不再有一對一的對稱（coterminous），社會不是由單一的大一統文化所主宰，而是主流文化和次文化（subcultures）之間在互相爭逐。唐娜傾向後現代其中一種立場，將所有的文化都看成類近次文化，文化霸權（hegemony）固然可以出現、並有強大的統制能力，但唐娜同時更強調抗逆主流文化（counterculture）的可能性永遠不會被完全壓抑而消失。[42]

本來唐娜可以像某些後現代主義者一樣，直截了當的揚棄文化概念，而以「實作」完全取代之。但她仍要借助文化理論去處理基督教的區別性（distinctiveness）的問題，為此唐娜保存了一種修正後的現代文化概念：文化不再是可以被點算（countable）的東西，文化指涉社會實作的「意義維度」（meaning dimension of social practices）。[43] 唐娜將基督信仰看成是（文化理論意義的）「宗教」——而不是羣體——基督教和他者的關係，就被定性為文化的差異。

當唐娜堅持去問：基督教作為眾宗教/文化之一，有何特色差別可言？她自然發現，若論有甚麼屬於基督教的東西是「人無我有」的，基督教文化幾近乏善足陳。基督教既脫胎自猶太教，又在形成的最早期主動汲取希羅文化，到底她擁有多少自發的原創性（originality）頗成疑問。在經歷了基督教王國（Christendom）的歷史盛衰之後，更因基督教文化與西方文明曾長時間混為一體，而進到難分你我的地步。所謂褪去所有「外來」文化色彩、原初本真（originary）的基督教，根本不存在、甚至無法想像。基督教這種尷尬的地位，卻並非例外的情況；相反，這印證了唐娜所支持的文化理論：沒有任何文化是自足自存的，文化身分不是從自我孤立而來的，而是靠一種創造性的消化（consumption），將與之相遇的他者的某些特質，選擇性地再詮釋而據為己有。[44] 這種文化政治(cultural politics)，以近乎即興拼湊(*bricolage*)的方式運作，無論文化之間如何強弱懸殊、是敵是友，它們都會以或強搶、或竊取、或模仿、或惡搞的手段，將從對手借來的現成文化材料不斷再創造；[45] 而且，任何文化都蘊含叛逆自己的另類可能性，文化內的其他次文化也是主流文化的對手。文化恆常地相互作用、彼此滲透，因此文化之間的差別從來不會是純正的差異（pure difference），而是你中有我、我中有你。

從本體論來說，文化都是有寄生性的；或說，自我**需要**他者來成全。[46] 文化政治以高度論爭性（polemicized）的形態運作，有助唐娜解答她自己提出的問題：基督教/基督徒如何建立身分認同？——基督教和其他文化一樣，她的獨特性是**在**自我和他者的邊緣上被構成、而不是**由**邊界構成（at the boundary, not by the boundary）。[47] 唐娜的神學目的，就是否定基督教以排他主義（exclusivism）的態度理解、處理自己和諸宗教/文化的關係，獨特性和差別性不需要靠低貶排除別人（at the expense of others）來肯定，更不需要以故步自封來保守自己的純正性。

至此，唐娜只論到文化的普遍性質，還未為基督教的個性賦與內容，甚至在她引用的後現代理論裏面，文化概念不斷被解構，基督教作為一種文化的獨特性只會愈來愈模糊。於是她最後仍要問：甚麼才應被視為**屬於**基督教的（What makes something Christian）？[48] 解答這條問題本來可以同時有應然和實然兩種方法，但唐娜選擇只問後者：基督徒實際上**如何**構成他們的身分。因為，她的答案是：基督教是一個為著一條沒完沒了的問題而從不間斷爭論的羣體（community of an ongoing argument）。作為一種文化，基督教並無任何統一性或一致性可言，基督徒之間惟一的共通點，就是他們有一個共同的關注（shared concern）：甚麼才是**忠於**門徒的身分或呼召（discipleship）？但凡由於這個關注而衍生的踐行，都可以被稱為是屬於基督教／基督徒的（identifiably Christian）。[49] 唐娜自己拒絕在應然層面回應：甚麼是基督徒該做、該說的事（What is the right thing for Christian to do / say）？因為，這正是基督徒之間仍在爭議，而全無共識的；換言之，在唐娜眼中，與其說基督徒羣體是由共同信念所組成，不如說他們分享的只不過是彼此的分歧。可是，停留在如此形式化的高度理解基督教，卻完全違背了基督徒實質的自我認識；唐娜提供的實證答案，本身經不起實證的考驗。再者，一羣只為門徒身分的意義而爭辯不休，而沒有真正一同努力活出門徒樣式的人，根本算不上是教會。[50]

唐娜想不沾手規範性的實質教會生活的課題，就界定出基督教的本質個性，於是教會仍然不在場！套用尤達的講法，唐娜根本問錯問題，她只關注教會與他者有否差別異同（distinctiveness），而不是要求教會的自我認知更具體明晰（specificity）。基督徒不需要事事與眾不同、標奇立異，我們忠於自己（true to one's kind）就夠；我們是與自己比較，不需要與別人比較。[51] 唐娜迴避去辨識：不少實際上基督徒／基督教用以區別自己和其他文化／宗教的東西，包括那些我們珍視維護的所謂屬於基督教獨有的信念踐行，可以根本與教會的忠信無關宏旨、甚至相違背。

三　「異類僑居者」、還是「另類城邦」？

唐娜不接受將基督教（會）視為「另類社會」，因為基督教（會）根本不是一個「社會」，但她較願意接受「社會另類」（social alternative），以強調教會既受所身處的非基督教社會影響感染，但同樣，教會內的關係、踐行也可以滲透延展到教會外面，甚至搞亂動搖（shake up）主流社會的運作。[52] 在此意義上，她認同基督徒是以「異類僑居者」（resident aliens）的方式在一個不屬於基督教的社會內生活，大前提是基督徒不以從社會中分離出來為目標，基督徒羣體不會佔據領土而成為一地緣性的「社會」。[53] 但假如基督徒無論在地理上或精神上，都沒有被流散的猶太人那種故土鄉愁，他們就算不上是異類僑居者。

侯活士以「異類僑居者」一詞而聞名，偏偏這個唐娜與侯活士共用的比喻卻大有問題，沃弗（Miroslav Volf）對此的神學批判尤為中肯。[54] 沃弗指出，入世而不屬世的基督徒，既非像第二代移民一樣要努力融入社會；也不是要離鄉別井去征服別人、反客為主的殖民者；更不是要在自己羣族聚居地製造緬懷祖國的小天地（ghetto）、將新寄居地看成異域的異鄉人。關鍵在於基督徒根本不是我們所在地的外來者（outsiders）！對彼得前書二章論到信徒作為「寄居客旅」，沃弗解釋是一種由終末性差異（eschatological difference）所產生的社會距離（social distance）：基督徒被賦予一個新的家園，就是來臨中的上主國度，他們雖活在當下的世界裏，卻成為舊世界的陌生人，就如耶穌基督被世界唾棄一樣。不過，基督徒在新世界裏重生得救，但其實仍是舊世界的局內人（born-again insiders），新我與尚未完全脫去的舊我彼此視對方如陌路人（estranged）。[55] 於是，基督徒不可以像外來的旁觀者般以事不關己的眼光，任意的抽取、挑選社會文化中所謂符合基督教信仰的元素來生活，因為我們沒有一個超越社會文化的制高點，也沒有可能從無到有（from scratch）重新設計我們的生活方式，而只能從中間開始！重生得救的基督徒只能不斷向內尋問，逐步辨識**屬於我們**的、我們**有分創造、仍賴以為生**的舊有社會踐行、文化價值，哪些需要重塑使其與在基督裏的新身分相稱。[56] 基督徒不是異類僑居者，因為我們沒有一個值得珍視追憶的故鄉作為既有的生活藍本去維護保育，而是以跟隨耶穌基督在世的榜樣和學效歷代聖徒，盼望等待迎向一個未來的、形成中的新國度。[57]

以沃弗的批判對「異類僑居者」的理念修正補充的話，很多唐娜對米爾班克和侯活士的憂慮都不再成立，而且更能準確把握教會與社會文化的關係。唐娜擔心任何以教會為中心、與世界區別的神學觀點，都會導致過度內斂的自我關注（self-concern），[58] 落入自傲和自衛之間對他者的妄想恐懼，文化上的孤芳自賞，要不是惟我獨尊的凱旋主義，就是遺世獨立的流別主義。唐娜誤解了侯活士的教會神學自我指涉（self-referential）的自反性特質：基督信仰不可去除的特殊性（particularity），源自一個特定時空人物的故事，而教會既重述（re-tell）這個故事，又是故事裏的角色之一；教會重演（re-enact）這個故事，又被這個故事審判；教會就是自己正在述說的故事。[59] 如果唐娜認為基督徒是執著於門徒身分，並圍繞此而不止論爭的羣體；侯活士則以為這羣人是被一個共有的故事所建立的子民（storied people）。[60] 可以說，教會一切對社會文化的批判，首先都是一種自我批判。[61]「世界」是神學性的概念，不能與「社會」或「文化」混為一談：世界被罪捆綁等待救贖，是創造中一切逆悖和不信的力量；[62] 而教會雖是天國的「憑據」（弗一 14），但教會不比世界「好」，而是與世界一樣同被置於審判之下，沒有可誇之處。[63] 基督徒不應自築圍牆防範世界的入侵同化，以為這樣就可以保存、還原教會的純潔真我，因為世界早已在舊我裏面，隨我們進入了教會。不要學效世界，就是不要隨從舊我。歸信基督既可說是由頭開始學習母語以外的第二語言（second language），但更像學習慢慢去掉（unlearn）舊有的語言習慣。[64]

沃弗認為，彼得前書的寫作目的是牧養一個處於社會衝突和逼迫的羣體，但它的教導完全不是建基於聖潔純全的教會和罪惡敗壞的世界的對立之上。作者非但沒有警戒他的讀者不要效法其他的非信徒鄰舍，而是勸勉他們不要效法自己的舊我；他更加正面地鼓勵他們，要專注於基督的甘願受害作為榜樣。定義教會的「他者」不是其他非基督徒，而是道成肉身的基督。教會不以惡制惡，不以世界的暴力手段對付世界，因為只有當教會拒絕被「敵人」定義她自己，她才能成為別人的祝福。沃弗稱此為溫柔的差別（soft difference）：教會不是透過與他者劃清界線，靠負面地否定「教會不是甚麼」來成就自己，而是要積極尋求「教會是甚麼」，當教會成其所是，她的本質個性就會突顯她與別人的不同。[65] 因此，溫柔的差別不是「軟弱」的，而是要敢於為真理作見證，預備為矛盾衝突而受苦，甚至甘心赴死。[66]

唐娜嘗試在本體論上消弭基督教與他者的對立性，將自我對他者的依賴看成為祝福、恩典與禮物。但她將自我認識抽象地形式化，定義為本質上屬於關係性的（identity as essentially relational），[67] 則模糊了教會和世界之間彼此挑戰的「他性」。以「耶穌是主」為例，這個重要的神學宣稱是「雙聲道」（double-voiced）的，是「凱撒是主」的文化錯體或調包，修辭上的反客為主。[68] 要全面了解這個核心認信的意思，基督徒最少要略知當時羅馬社會的政治秩序，以及教會和政權的關係，才能正確掌握初代基督徒借用一個極富政治涵意的用詞作為宗教陳述所發揮的政治和神學作用。我們對耶穌的認識可能改變我們對君主的認識，反之亦然；在此意義上，我們不能夠單從字面上判斷，到底誰顛覆了誰、誰侵佔了誰。不過，我們也不能因為文化互滲的不可逆轉性（irreversibility），因此就籠統地定性這種關係就必定是互惠（reciprocal）、雙向（bidirectional）或均衡對等的。唐娜也承認在與世俗社會的文化博弈上，教會面對的不是一個蠻不在乎的外在對手（indifferent exteriority）。[69] 唐娜對文化政治的立場，其實也可以引申出米爾班克的講法：要不是教會用自己的方式措辭去（重新）敘述世俗社會，世俗社會就一定會反過來用它的敘事囊括我們。[70] 正如次文化儘管可以千方百計抗逆主流文化，但主流文化卻一樣有無盡的方法吸納和收編它們的創新力量。[71]

我們的信仰有其他的文化元素作為構成的媒介（constitutive），對信仰內容的詮釋必然關涉（with reference to）和倚仗（depends on）教外的文化資源；但我們的詮釋是否正確，不取決於任何基督信仰以外的規範（determinative），因為除了意義的維度，信仰也是真理陳述（truth claims），我們宣講的是一個真實的故事（true story），教會和世俗社會就此而有著不可調解的分歧。信仰更加是倫理陳述，教會不但要根據自己的主張信念（on our own terms）去做是非對錯的判斷，更要恆常地批判自己的信念，以及檢視教會的生活是否與我們見證的真理相配。「耶穌是主」的意思，在一個以基督徒為大多數的社會中，跟在一個基督徒只是少數的社會中，可以是差天共地的；還端視基督徒在社會的言行，以及社會對待基督徒的態度。似乎同一個信念，在不同處境脈絡中，可以對別人和自己有壓迫的或解放的作用和效果。信仰在生活中不斷出現意識形態的扭曲（ideological distortions），但未必分得清我們是受害人、還是始作俑者，教會需要的就不只是文化批判，而是社會、政治、經濟的自我批判。[72]

但其實，唐娜和侯活士有很多不謀而合的地方。他們均認為他者是上主給我們的禮物，我裏面必摻雜他者在其中，我們和別人之間存在複雜的依賴和被依賴的關係，卻無需對此心懷怨懟（resentment）。[73] 在與世俗社會文化的交往互通上，教會沒有操縱的主導權（not in control），也不需要試圖每每佔上風（upper hand）。[74] 分別只是，侯活士強調，教會動用教外的文化資源，不一定是好事、或者一定是壞事，既無須處處戒備設防，但仍要判別好壞對錯。或者更準確地說，侯活士關注的並非是抽象或形而上的「他者」，基督教的過人之處不在於我們擁有一套比其他人更平等主義（egalitarian）的文化本體論或哲學人類學，而在於基督徒在生活中與朋友、陌生人、敵人等的相遇中，如何具體踐行對差異分歧的尊重。

唐娜說基督教是一個論爭不休的羣體，還遠不足以詳盡教會的特性，否則教會與一個學科（discipline）或學術傳統又有何異？[75] 因此，必須就這種爭拗的內容和形式，對象和態度，目標和手段，規範和倫理等，再詳加說明。而且，這個論爭的羣體，必須延展到所有與我們意見不合的人，而不只限於教內的人。[76] 基督徒需要別人的幫助才能認識真理，甚至成為忠心的教會。從負面或消極上說，希利就認為，因為人有罪性，所以我們需要靠別人的批評來糾正我們，真理不能夠被擁有，而只能從別人身上領受。[77] 就算對方不一定比我們正確，我們也一樣可以從辯論的拍檔身上獲益，檢視自己的盲點偏見。[78] 侯活士也說，當我們與別人分享福音的故事，同時也在聆聽他們的故事，並被挑戰，我們甚至需要主動尋找其他陌生的故事，免得我們自說自話。[79] 我們特別需要持相反意見的人的幫助，令我們更清楚自己到底相信的是甚麼。[80] 於是，希利從正面或積極上說，我們在別人身上發現的真正差異（genuine otherness）是聖靈的禮物，而不單是需要忍讓的麻煩（nuisance），更不應想方設法去撫平克服（overcome）它。[81] 對話、溝通、聆聽，是教會的使命、見證和門徒實踐所必須的，對他者的接待，幫助我們成為教會。[82] 希利甚至主張，教會對他者負有責任，教會應該為其他社會上的少數弱勢和異見者爭取發聲的空間（agent of particularity），公民社會不同觀點百花齊放，才有機會真正較量。[83] 我們與他者之間到底存在差別（difference）抑或分歧（disagreement），只能通過對話、互相了解來辨識，**然後**才可能判別誰是誰非。如此，與他者「對話」的目的就未必是尋找共識，而是「求異存同」，亦即「讓他者成為他者」（let the other be the other）；與他者真實的會遇，必然也是一種交鋒和切磋（engagement）。向別人見證真理，也必然是一種帶有批判性、甚至冒犯性的對話，而非虛情假意的、互不干涉的所謂「寬容」或「和諧」。[84] 虛心聆聽不是不據理力爭、懸擱價值判斷，而是在這個相互挑戰的過程中願意被他者改變。[85]

當唐娜離開形式化的定義，她也同樣發現，基督教要成為一個真正的羣體（a genuine community），而並非單單是一個論爭（an argument），基督徒的踐行就應具有某種屬於基督徒的「風格」（style）。[86] 她這樣形容此羣體的「外形」（shape）：彼此聆聽批判、糾正造就；自願將自己置於別人的審判之下，接受督責訓斥；所有集體決定都是在免於壓力的自由情況下做出的；彼此相愛、共同盼望一事等。基督教要成為一個論爭的羣體，首先是建基於她是一個團結和盼望的羣體（a community of solidarity and hope）此身分之上。[87] 唐娜如此具體描繪基督徒對待（教會內外）他者的踐行的倫理性格，就非常近似尤達所稱的「身體政治」（body politics）——教會這個門徒羣體作為基督的身體，在共同生活中所體現出的一種政治性的社會關係，或社會性的政治關係。[88] 當教會真的活出唐娜所說的羣體風格和外形，為甚麼就不能像米爾班克一樣形容教會為「和平、喜樂、團契」的羣體，與世俗社會的「權力、衝突、暴力」成為反差對照（contrast）？[89]

唐娜始終不接受「另類社會」的說法，因為她心目中的「社會」是已經被「國有化」或「政權化」的概念，社會被無遠弗屆的民族國家（nation-state）所涵括而成為同義詞。於是唐娜只能想像，惟一成為真正「另類社會」的途徑，就是退出社會、自成一國。[90] 但她同時認為，這必然是弄巧成拙或自相矛盾的，當基督教要建立起屬於自己的政治、經濟、法律、教育等齊全的社會制度，她只能向社會偷師；但當她學效世界的管治方式，就難言「另類」。[91] 唐娜缺乏能力去想像一個新人類羣體所具備的社羣性（sociality），如何可能有別於世俗政治用以組織共同生活的方式，更加看不到教會可以、應該成為這樣的日常生活方式。

侯活士稱教會為「城邦」（*polis*），意思是教會才是惟一「真正」的政治（true politics），反而世俗的政治是虛假的；[92] 他並非要以「城邦」比喻教會，或以此作為教會論的代模，反而是透過闡釋教會的另類性，顛覆我們對政治的先存認知。[93] 我們看到新約聖經中的教會，既非城邦、亦非家戶（*oikos*），而是橫跨、甚至故意將兩者混為一談，[94] 特別是將婦女、兒童、奴隸等一併納入為成員。新約作者以“*ekklesia*”稱呼教會，似乎是有意識地強調其猶如公民議會（citizen assembly）的政治性和公共性，而拒絕將教會想像成某一撮人為特殊利益而組成的工會或行會（guild / association），或單單是公民社會其中一分子。[95] 一開始教會似乎就宣稱自己才是真正的「公共」之事／物（*res publica*），不容許帝國僭越上主國度成為惟一的「公共」。[96] 作為一個敬拜上主的羣體，教會生活包含信徒日常生活的每一細節，沒有甚麼領域是跟上主無關的事而被遺漏或豁免的！因此教會本身就是政治性的，所謂「政治」不是生活的某一角落（aspect），而是指涉生活的全部。[97] 初代教會對自己有一個清晰和自覺的形象：歸信基督等同接受一個新的國民身分（a new nation），而並非個人內裏的心意更新和皈依。因此，侯活士稱教會為三一上帝為成就經世拯救而有的嶄新「社會發明」（social invention）。[98] 教會本身就**是**政治，而不是**擁有**一套政治理論，因為教會將基督徒構成為歸屬並效忠於上主國度的子民。[99]

就政治的本質而言，教會與世人有截然不同的理解和實踐。一般人將政治／政權視為社會變革的工具，誰掌權話事就可以操控社會進退興衰的命運；政治既是一種平衡不同利益的妥協藝術，也是精心計算的社會工程。[100] 但基督徒對所謂「真實」(reality)卻有不同的洞察和再描述，並提出一種「反逆」世俗主流的歷史觀和歷史敘事(counter-history)，因為我們知道國家或政權不是人類或世界歷史的主宰或主人。[101] 世俗的政治以改變或操縱世界作為目的，尤其是現代民主自由制度使社會的每一環節均被納入鉅細靡遺的官僚管理。[102] 但侯活士以為，政治的真諦其實是為尋找公共的福祉(common goods)而進行的對話；[103] 真正的政治促使我們學習聆聽他者，而不是消滅他們或使他們噤聲。[104] 或者說，政治的真正本質不是強制和高壓，反而一旦使用暴力，就會摧毀政治。[105] 面對世俗政治諸多的限制和暴戾，基督徒不需要因厭惡而遠離政治，反而應該令世俗政治少一點依賴暴力作為優先的手段。[106]

侯活士強調教會與世界的「分別」(separatedness)，不是為了離開或與世界「作對」，而是為了世界的好處(for the sake of the world)。[107] 世俗政治的所謂「德性」，說穿了其實是政治惡習(political vice)，例如將權力平衡或利益攤分誤當成公義，是有公共之名、而無公共之實。[108] 世俗政治根本不斷分化社會，而非造就共同生活，因為世俗政治的前設是以人為自利的，結果將公民塑造成一個個為自己謀取最大私益的大小持分者集團。[109] 侯活士對自由民主制度的倫理批判，是它以為不需要有一羣活出公義的人民(just people)，都可以成就社會公義；而教會可以對世俗政治做最大的貢獻，就是為社會培育出一羣擁有德性的人民（a people of virtue），善治方才可能。[110] 國家的權力需要被限制，民主政治的運作更需要異見者，必須有敢於向國家（及其利益）說「不」的人民。[111]「教會的政治」（politics of the church）有別於「世界的政治」（politics of the world），更不會為其蓋章或背書，否則教會只會淪為實現別人的政治烏托邦的「打手」（agent）。[112] 教會有自己的議程，不將社會上的問題和現成答案，視為理所當然、別無他選的，然後只考慮如何歸邊。[113] 因此教會要以其想像力服事社會（serving society imaginatively），向社會示範另類的可能，而不是重複社會已經知道的、或想聽的東西。[114] 也可以說，教會不是為世俗政治提出多一個可供揀擇的選項（political alternative），而是見證世俗政治以外的選項（alternative to politics）。所以，教會不是以批判作為向世界見證的手段，而是以見證作為批判世界的方式。[115] 因此，「教會的政治」不免會抵觸世界的自我認知，教會也就需要鍛煉向世界說「不」的勇氣和想像力。

侯活士採用「異類僑居者」的比喻，其目的不外是強調教會有抗逆主流文化（being countercultural）的特質。[116] 但很多基督徒低估了抗衡世俗文化的困難，以為只是譴責世俗社會劣質或腐敗的文化那麼簡單，但侯活士心目中的卻是人類文明中最優秀的產物和價值：自由、民主、公義等。[117] 教會抗逆主流文化，目的也不是轉化它，因為我們自己要走出世俗社會現成道德語言的框框和習慣已經很難。[118] 現實中的教會到底是附從、還是對抗主流文化，各人都心中有數。成為「另類」的意思只不過是不隨波逐流，基督徒要學習的，不外是在充滿暴力的世界，用非暴力的方式與自己、別人、萬物共存。[119] 這就是教會的政治，或教會**作為**政治。

四　教會是「迎向終末的上帝子民」

不少基督徒投訴，侯活士和米爾班克心目中的教會根本不存在，更不可能存在。但甚麼是（不）可能？又由誰來定？[120]

米爾班克為了一次過澄清無休止的誤解，斬釘截鐵說教會不是一個「真實的社會」（not a real society），而是以禮物或應許的模態存在。[121] 米爾班克不是要像其他人一樣將教會變成虛構幻想的烏托邦，而是想將「教會」定性為徹底的神學性概念。但我們不因此就可以說，教會只存在於虛無縹緲間，米爾班克反而挑戰我們，不要以社會學的真實為惟一的真實，而但凡是神學性的就是不真實的或是超驗的。說「教會」是神學性的概念，**同時**就是說教會是終末性、政治性和倫理性的，她的存有和可能性，也要從這些角度來理解。而教會的存有可以有很多不同的模態（modalities of existence），上文已經多次提及基督徒只會將教會和世界的關係想像成是空間性的，而忽略了其他的可能，例如最明顯的時間性關係。這並非單單是同一時序上的先後關係——例如，世界是教會的舊我、而教會是世界的未來[122]——

而是更深層次地，教會根本與世界是不同步伐的（out of phase），對「時間」有不同的生活經歷。[123] 基督徒以等待、耐心、盼望去過繁瑣營役的生活（mundane life），我們不爭朝夕、無須追趕世界，不因為以為自己有用不完的時間，而是因為知道萬事萬物按上主的時間表進行。[124] 因此，例如有基督徒可以「花時間」（take the time）握著一個垂死痲瘋病人的手，陪伴她走完人生最後一程，雖然在世人眼中，這個舉止對消滅世間的貧病、苦難和不義毫無實效。[125]

無論如何，假如一定要將教會看成一實體（entity）的話，她在本體論上的存在方式便異乎尋常（strange）。教會不等同堂會，或者只限於主日崇拜的場所地點聚集的會眾，雖然可見的教會必然是堂會，但教會的大公性和普世性，則指出教會不止是堂會數目上的總和。教會甚至不是普通的羣體（community as such），除了因為教會超越任何個別的羣體，還因為我們不能先知道甚麼是羣體，然後以此定義教會，反而我們要從教會的生活中學習甚麼才是真正的羣體。[126] 而且，作為一個包括生人和死人的「羣體」，教會更像一班生活在不同時空的人，被邀請接受一項挑戰：這些本來互不相識、互不相干的烏合之眾要成為同一歸屬的子民（a people challenged to be people）。[127] 教會的本性是由她的召命來定義的，是被招聚進來、然後又被差派出去為天國作見證，同時被寬恕、又被責成去寬恕別人。最後，根本教會也不只是由人組成的羣體，因為教會是被上主從世界裏呼召和分別出來的，教會不但是由上帝創生設立，而且是因為聖靈持續的保守護佑，教會才成為可能。尤達和侯活士便提醒我們，教會本來是不可能的！是耶穌基督的受難和復活，創造了教會這個新的可能性。教會本身就是一項我們見怪不怪的神蹟，我們忘記了若沒有聖靈的工作，甚麼也不可能！[128]

希利和唐娜，與侯活士和米爾班克，他們的分歧正好歸結為神學上，對於聖靈、恩典、罪性的不同立場。[129] 希利和唐娜擔心的是，侯活士和米爾班克的教會觀，規限了聖靈的工作，使教會壟斷恩典，更會令基督徒對教會的犯罪墮落視若無睹。唐娜強調恩典和罪惡的普遍性（universality）。[130] 基督徒不能獨佔上主白白賜予的恩典，在一切表面的社會和行為特徵上，基督徒可以無異於非基督徒；即使有何分別，這也不是基督徒自己可誇的成就，而是仰賴聖靈的轉化之恩。基督徒的生命可以既是在基督裏，但又同樣不過是個局外人（as much outsiders as insiders to a life in Christ）。[131] 基督的救贖不代表教會被揀選，而世界就是被遺棄的，因為上主是全地萬有的主，而不只是教會的主。教會必須看到聖靈在教會外的工作，知道恩典也向教會以外的社會開放，否則教會對社會就會產生錯誤的優越感。

當然，教會的會籍（membership）不保證基督徒的得救，或道德上的完美。但唐娜將恩典和罪性徹底地普及化、均平化，抹煞了教會和世界的差別，並使教會變得可有可無，彷彿人可以不加入教會而成為基督徒，甚至取消了基督徒為甚麼要成為基督徒的理由。希利同樣不認為教會是救贖惟一的場地，但無論如何，教會仍然是上主所造，使我們得救和成聖的工具，是恩典不可或缺的外在載體（external means）。[132] 也因此，具體的教會，尤其包括她有罪的和令人困惑的不完美個性，就成為我們的神學關注。[133] 希利稱教會為朝聖的羣體（pilgrim church），是「在途中」（*in via*）的現在進行式，因此**既不能**要求當下的終成，但**更不能**對教會的所作所為隱惡揚善。[134] 希利提出，教會必須符合加拉太書六章 14 節所教導的「保羅規條」（Paul's rule）：不以別的誇口，只誇耶穌基督的十架。[135] 教會作為門徒的見證是否忠誠（truthfulness of witness and discipleship），要以此為最高的判準。[136] 希利很清楚的表示，反對基督徒將教會（而非基督）視為效忠、委身、稱頌的對象。特別是當教會宣稱自己擁有一種內蘊的完善（essential perfection），基督徒就會仗著恩典，自以為活得比別人好，產生屬靈的自誇。[137]

唐娜認為上主有絕對的自由，無人能約束恩典在我們意想不到的地方所成就的奇事。[138] 不過，希利進一步主張，一套整全嚴謹（robust）的教會論必須説明一個弔詭的事實：雖然（in spite of）教會有時妨礙基督徒過成聖的生活，但同時地（as well as）基督徒也是藉著她的幫助才能夠過成聖的生活。希利認為，我們需要辨識聖靈如何通過教會的忠信和不忠（in and through our faithfulness and unfaithfulness）的工作，以及如何在教會以外工作，以幫助我們更小心聆聽聖靈如何向我們説話。[139] 然而，我們或者只能知道（knowing that）聖靈自由運行，卻無法整理出聖靈為何、怎樣和在哪裏作工（knowing why / how / where）的神學理論，正因為恩典是出人意外的。[140] 侯活士的教會觀，沒有規範聖靈應該在哪裏和如何工作，而是把握上主的應許：主耶穌承諾與我們在教會內相遇，只有從教會內先認識主耶穌，我們在教會外與祂相遇之時才能認得出祂。這是尤達所講，教會在認識論和價值論的優先性（priority），而不是優越性（superiority）。[141]

所以，很多人批評侯活士的教會觀太理想化，沒有認真處理教會的罪性，這是嚴重的誤解。侯活士不但知道教會是可錯的，而且恆常犯錯、甚至跌倒墮落，她的本質是充滿污點的（highly compromised nature）。[142] 要求教會成為教會，就意味同時承認、並責難教會不成教會。[143] 侯活士從來沒有低估同時生活在一個不完美的教會、以及一個充斥暴力的世界裏面，成為門徒的難度，他所有的著述都是為此發掘信仰的資源。不過，龔立人為《和平的國度——基督教倫理學獻議》（*The Peaceable Kingdom: A Primer in Christian Ethics*）中譯本所寫的序言，就暗示侯活士過分注重德性、忽略罪性。[144] 龔立人似乎想提出反駁，他說：「上主透過建立一個有德性的羣體，見證上主的救贖；但也可以透過一個不盡完美、且充滿矛盾的羣體，見證上主的恩典。」[145] 但這其實是侯活士在書裏面已經論及的。[146] 侯活士相信，即使教會不忠，上主也仍然選擇使用她；[147] 甚至她的不忠可以為上主所用。[148] 既然上主沒有讓教會的不信和有罪，有最終的話事權（have the last word），教會也不應該以自己的缺失作為逃避成為教會的藉口。[149] 換言之，教會不忠這個事實，絕不應該令教會被命令以忠信而活（charged to be faithful）的要求有何增減損益。我們對聖靈的自由亦應作如是解：無論當教會靠聖靈活出忠信，抑或教會有時違背聖靈的呼籲，聖靈也一樣與我們同在。[150] 上主**如何**使用教會的不忠，**為何**對不忠的教會仍不離不棄，是另一帶來鼓勵與安慰的奧祕，卻不能以此為基礎而建立關於「不忠的好處」的修正主義神學倫理學！反而，上主對教會和世界的無比忍耐，使教會以謙卑忍耐、而非自滿放縱的態度生活。

希利提出一種「實踐性和先知式的」教會論，就是認為神學必須認真處理教會的罪性，我們要思索（dwell upon）教會真實的過犯。[151] 但他的意思**不是**說：因基督徒仍然是罪人，所以我們對教會的要求就要相應地作出妥協遷就；相反，教會應不斷以自己的具體踐行作為反思的對象，判別在具體的教會論性質脈絡之中，我們是否忠誠地見證著門徒應有的生命，好使教會有認罪、悔改、更生的機會。[152] 當希利發現這樣的教會論，無異於一種基督徒社會倫理（Christian social ethics），只不過我們關注的「社會」首先就是教會此羣體，這就響應了侯活士的教會神學。[153]

希利將教會的存有狀態視為朝聖中或迎向終末，就是想在「教會現在是甚麼」與「教會應該/將會是甚麼」之間維持一種緇緊，防止我們在教會的本體論裏面去一次過調解、淡化、昇華此張力。[154] 教會作為上主的子民是被揀選去接受考驗和鍛煉的。[155] 如此一來，作為天國的預嘗，教會就只是一個可能性，但既然這個可能性是建基於另一個實在，它也就變得真實。教會作為一個真實和當下的可能性（a real and present possibility）意味著她存在的曖昧性；教會的本質，不是自有永有的，而是隨時可能會失落的，教會可以不再是教會（the church ceases being church），教會與自己的所是所由異化；當教會變得**像**世界，教會就不成教會，教會（而不是世界）成為自己的他者。[156] 也可以說，教會的本性有一種事與願違（counterfactual）的性質；或套用尤達的講法，教會的存在不是憑眼目所見的證據，而是幾乎需要憑信心去領受的（believe without seeing）。[157] 但我們不能像希利所說，儘管（in spite of）所有的證據都指向另一個相反的結論，我們仍然選擇相信教會真的存在，因為尤達的用意正是強調教會必須、而且的確是可見的。[158] 否則，我們又回復到希利所批評的「雙層詮釋」，將教會成為教會的理想「理想化」（ideal idealized），並抹煞其迫切性，變成被無限延後的終末想像，理想與實踐不必要地又被割裂。[159] 因此，我們必須認信：忠信的教會確實存在！邏輯上，忠信與不忠令彼此成為可能：如果忠信是教會的目標，不忠就是一個真實的可能；相反，當我們發覺教會不像樣，埋怨教會不成教會，最低限度證明教會至少仍然在努力忠於所信（remained faithful enough），才有能力認清自己的不信。[160]

所以侯活士說，天國與教會之間的「張力」，不是理想與實踐之間的差別，而是只有忠信與不忠的倫理分別。[161] 勉強真的要比較的話，天國比教會「大」，因此教會不等同天國，但教會也不是與天國互不相干的（neither identical, nor incidental）。[162] 用沃弗的說法，教會與社會之間的距離，必須與教會作為終末性子民的特徵關聯（correlated）；換句話說，終末性的差異必須體現為教會性的差異（ecclesial difference）。[163] 沃弗不能想像可見的、具體的、真實的教會與其終末性身分毫不扣連（dis-articulated），否則教會就變得無關痛癢（does not make a difference）。用圖像來比喻的話，來臨中的天國和可見的教會像一大一小的圓圈：侯活士和沃弗均認為，這兩個圈必然或多或少地部分重疊；若我們幻想它們可能會互不重疊，或僅僅是稍微關連，則會違反聖經教導和基督徒的認信。因此，他們與希利和唐娜之間的分歧，不是誰對教會（或人性）過分樂觀或悲觀的問題，而是一個神學判斷：他們雙方都同意教會不能壟斷恩典，但侯活士和沃弗看到教會特別被恩典充滿（concentrated with），並且恩典從此管道流向世界。[164]

當我們懷疑侯活士筆下的教會不（可能）存在，除了是對他的嚴重誤解，更加是我們對教會的徹底誤解。因為侯活士神學反省的題材和對象由始至終都是**同一個教會**，也是惟一存在的教會，就是這個已經存在了超過兩千年，有形的、可見的、不完美的組織。[165] 侯活士在著作中重複強調，他心目中的教會不但可能，而且存在，只是我們對之視而不見。[166] 何況，成為教會根本不是要成為道德上的完美，而只是教會要成為「聖潔」（holy）的子民，也就是活得更像上主（more like God）。[167] 諷刺的是，當我們只抱怨教會不像樣，就等於不肯與自己的不忠「告別」（leave behind）。[168] 我們不是用心、而只用肉眼去看（see），於是就見不到（envision）由無數信徒、無數細小忠信的舉止（small acts of faithfulness）所構成的教會。當我們眼中只有自己的缺乏，就見不到上主的豐盛。[169]

教會與教會神學的公共性

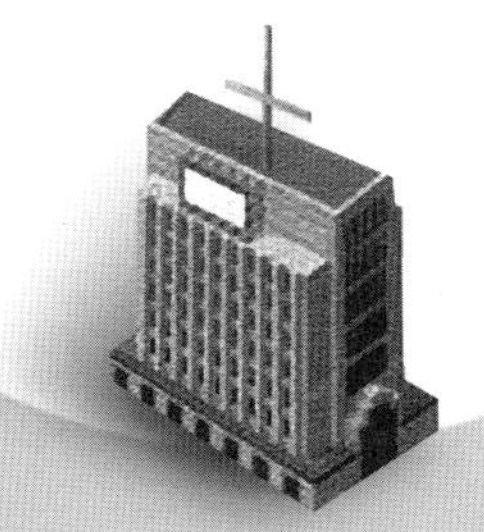

作者簡介：

趙崇明，香港浸會大學哲學博士，香港神學院學術主任及神學科專任講師。撰有《安息行旅》（本書獲得第三十一屆湯清基督教文藝獎之文學創作組年獎、第四屆金書獎最佳作品〔非神學及研經類〕）、《港式中產》；譯有《歷史神學》、《基督教靈修學》等；合譯的則有《如此我信——基督教教義導引》。

一　引言

在西方的現代社會裏，基督教被私有化及邊緣化的現象愈來愈嚴重，教會愈來愈難進入公共空間發聲。近年興起的公共神學（public theology），正是針對此現象而出現的。

為了重建基督教神學在公共論域中的話語權，有人便提議在教會神學以外，另行開拓一種更富公共性的神學論述，嘗試在學術界的公共語境中做神學。故此，有些神學家便提議將神學分類為公共神學和教會神學，而他們心目中的公共神學往往又等同於人文學式神學，認為惟有人文學式的神學或公共神學才能在大學裏教授，只有這些類型的神學才能在俗世的學術圈子裏跟其他學問進行研究和互相對話交流。[1]而教會神學的研究和教授，卻只能局限在教會和神學院的小圈子裏進行。

然而，這樣的神學分類，是否恰巧中正自由主義者和現代理性世俗社會試圖將教會神學邊緣化的陰謀？同時，我們需要思考和質疑的是，假設教會神學欠缺公共性，不能進入公共論域，這樣的假設是否必然成立？因此，本文的目的，正是要闡明教會和教會神學本身，其實在本質上已經具有公共性，已經能在世俗的公共空間裏發出另類的聲音，藉以更能豐富公民社會的多元性。因此，**基督徒**未必需要另創甚麼人文學式的公共神學了。[2]

二　「客觀中立」只是「公共理性」霸權所編造的神話

基督教被私有化及邊緣化的現象，自然跟崇尚公共理性的自由主義有關。自由主義其中一個特點就是對「中立論」（neutralism）的強調，意即國家在制訂政策時必須要保持客觀中立的態度，不能厚此薄彼，不應假定某種道德價值觀比另一些更好，對所有宗教都應抱持不偏不倚的包容態度，惟有這樣才能維護社會的公平和正義。因此，人們自然會反對任何宗教（包括基督教）將私人領域內信奉的道德價值介入公共論域之內，而主張宗教私有化，教會只能退隱於非公共語境中繼續自說自話。

為了重建基督教神學在公共論域中的話語權，有人便提議發展一種人文學式的公共神學。但人文學式的神學論述可能有一假設，即認為既然要在公共語境中做神學，便要遵守公共的學術論域所訂下的規則，即是在多元文化和宗教並存的公共社會中，不應該對某一特定的宗教論述有所偏重，反而應該盡量嚴守「理性客觀中立」和「信仰中立」這些在公共學術論域裏備受一致贊同的共識。於是，這種神學便被要求在一種假設有「客觀中立的公共理性」的公共語境中進行。然而，我們需要反問：現代理性主義者在公共論域中所假設的「客觀中立」這公共語境是否真實存在？而且，這種主張具普遍性的所謂「客觀中立」，會否只是一種為抵制世界多元性的「公共理性」霸權所編造出來的神話而已？就算「客觀中立」是可能的，但認信的基督徒要「信仰中立」地做神學又是否可能？

當代的詮釋學已經清楚的告訴我們，世上根本不可能存在絕對客觀中立的事情。沒有任何知識是可以完全免受認知者的偏見、已有的視域或前理解所影響的。世上也沒有可能存在任何具普遍性的共同核心經驗，一切的經驗必然是已經經過語言詮釋的經驗，因此任何人亦不可能抽離獨特的傳統和特定的語境去談論、思考或認識人世間的萬事萬物。正如范浩莎（Kevin J. Vanhoozer）說：

> 後現代主義者和其他人粉碎了中立的神話：我們詮釋者從不是以抽象的人的身分去接觸文本，彷彿自己獨特的歷史、身分和傳統既不相干，也不存在。因此，基督徒需要坦白承認，在接觸文化文本時，我們總是抱持某些信念的詮釋者。畢竟，文化的神

學詮釋所打的旗幟是信仰尋求理解。[3]

因此，後自由神學學派（postliberal theology）神學家林貝克（George A. Lindbeck），便提出以「文化—語言的模式」（cultural-linguistic model）去取代自由神學（liberal theology）的「經驗—表現的模式」（experiential-expressive model）作為建構神學的方法。「經驗—表現的模式」相信全人類擁有一種共同的核心宗教經驗（a common religious core experience），而自由主義學派的公共神學就是從這種人類共同的核心經驗切入而開出其公共性，因此這種公共神學最終可能只是延續(甚至屈服於)啟蒙運動的理性自由主義而已。然而，林貝克卻質疑這種先於（或抽離於）特殊的文化語境而具普遍性的共同核心經驗是否可能存在。因此，他便主張：「除非我們首先學會使用那些適切的象徵系統，否則就有無數的思想不能被我們思考、有無數的感覺情緒不能被我們擁有，以及有無數的實在不能被我們知覺。」[4]

由此可見，國家在制訂任何政策的時候，難道真的有可能完全保持道德中立嗎？世界上又真的有全然價值中立的政策存在嗎？表面上維護公眾利益的公平正義的「中立論」，最終會否只是「公共理性」霸權為要獨佔公共論域而編造出來的神話而已？

啟蒙運動思想家盧梭（Jean-Jacques Rousseau）曾經提出「公民宗教」（civil religion）的概念，認為每個人民不但有選擇宗教的自由，甚至有創造自己的宗教的權利。他又主張每一個民族都應該培養自己的價值觀念和培育一種公共理性和普遍意志（general will），藉以關注公共的利益，用來抵消教會及其教義的力量，並藉以表達人民的基本自由和整合一個民族的集體意識。然而，這種「公民宗教」對體制性教會教義的取代，自然令到體制性的基督教逐漸被邊緣化和轉入私人的領域。[5] 侯活士（Stanley Hauerwas）亦曾對公民宗教如何導致宗教私有化的問題作出過很好的分析：

> 有人說民主需要一種公民宗教——即是一種對超越性的意識（sense of transcendence），並能以之作為一種批判原則，反抗國家權力的張狂，並作為一種資源來支持發展一些更接近公正的建制。可是，這種「公民宗教」不能由任何特殊性的宗教信念所組成，因這樣做便會侵犯宗教寬容這必要條件。於是，我們一切較具特殊性的信念，都必須被社會定義為「私人的」（private），亦因而不具有社會角色。這情況產生一種很特別的諷刺，因那「公民宗教」所要支持的文化和政治秩序，竟要求人否定宗教信念的公共角色，從而支持這一假定：即自己的宗教信念也只不過是某些意見而已。[6]

根據現代性的思維，以為惟有客觀中立的抽象理性才是屬於公共的，才能在公共論域中「無私」地運作。也許這就是現代性（modernity）最大的諷刺，符合現代性思維的「公民宗教」，表面上支持民主、自由與宗教寬容，實質上卻是公共理性為要維護其普遍性和超越性而顯出其霸權的本性而已。

三　教會將信仰過度私有化的問題

平心而論，我們不應該將宗教私有化的問題單單歸咎於崇尚公共理性的自由主義，教會本身其實也是造成信仰過度私有化的幫兇。克拉普（Rodney Clapp）批評，美國的基督教具有一種很強烈的諾斯底化（即私有化）的傾向，意思是「他們的信念和行為，都傾向認為信仰和救恩本質上是私人的事，與文化和歷史無關」。[7] 香港教會其實同樣出現這問題，下文便嘗試分析造成香港教會信仰過度私有化的原因。

1. 扭曲了的政教分離觀

香港的教會經常以「政教分離」的口號，即聲稱為了避免教會陷入分裂和被政治化的危機，而作為不談政治，不關心公共政策和社會事務的理由。莫特曼（Jürgen Moltmann）曾經指出：「政教分離在許多西方國家造成了誤解，認為宗教不再是『國家的事務』，而是任憑個人作自由抉擇的私人事情。」[8] 問題是「政教分離」的教義是否在香港教會造成同樣的誤解呢？聖經是否真的反對信徒作任何形式的政治參與呢？

2. 傾向個體化和私有化的佈道神學

主流看法均認為教會存在的最大使命不是改革社會、參與政治和更新文化，而是領人歸主，傳講使人靈魂得救的福音。而我們所傳的福音又顯得非常個人化，強調的只是個人的罪。例如廣受香港教會歡迎的「三福」佈道法，就是將人的罪性只約化為可被量化的個人罪行，關心的只是個人的私德和個體生命終局（即靈魂是否滅亡）的問題，於是我們強調的便只是耶穌拯救個人靈魂上天堂的福音。

3. 傾向個體化和私有化的靈修觀

也許在不少基督徒的心目中，教會是屬靈的家，信徒躲在教會圍牆之內，只會尋求和經歷內在的屬靈經驗，追求個人道德生命的改善和突破。在屬靈的家內要過的是一種「分別為聖」的屬靈生活。一般的靈修觀只重視個人讀經、默想、禁食、祈禱等屬靈操練，卻忽略了像拉丁美洲解放靈修神學所具有的那種社會性的向度。如此，信仰便變得私有化，關心的只是宗教如何滿足個人心靈的需要，只會為個人生活上有關的事情祈禱和感恩。

4. 將信仰心理學化

香港教會的信仰愈來愈個體化和私有化，亦跟在教會牧養事工上過度重視心理輔導的服務有關。信徒最關心的只是自己的心理需要，教會成為個別信徒的心靈或心理輔導室，為信仰消費者提供優質的個人牧養輔導的服務。正如克拉普說：

> 牧者和其他教會領袖都面對極大的壓力，他們要專心一意的將事奉當作營銷和心理治療——這兩種傾向都將信仰實踐集中在個人身上。而神學院的學生也全都認真表示，學習神學是「不切實際的」，他們要求開設更多輔導課程。……這種態度是如此的諾斯底（Gnostics），甚至到了一個災難性的地步，以致美好的生命和福音已變成促進消費的技巧。所以，上帝變成了「滿足我感覺層面需要的存在者」（He who meets my felt needs）。這位上帝只能藉著祂的產品為人所認識，祂存在與否，純粹取決於祂能否滿足我們的慾望。[9]

當基督教被過度心理學化之後，不但使信仰更趨向個人主義而呈現私有化的現象。同時，「焦點便由改變社會轉為探討個人可以怎樣『適應』現狀」。[10] 因此，克拉普認為，信仰心理學化之後，最終帶來的只是信徒消極被動的自我投降，而不是加強信徒積極批判和改變社會的自我力量。

5. 強調個人主義的教會中產文化

在一個強調自由競爭的資本主義社會裏，中產人士很明白需要靠自己的能力去解決問題和爭取成果。事實上，靠個人努力而取得事業上的成就和經濟上的利益，的確是不少香港中產人士的親身體驗。

中產人士一旦成為社會上的既得利益者，自然想維持穩定的社會局面，除非威脅到自身的利益，否則他們便不會隨便直接介入社會政治運動。何況資本主義的成功，正是建基於利己的個人主義這種前設之上。正如克拉普所說：「發現或許只有最富裕、在社會上最穩定的人才可以不理會社會、經濟和政治的問題，可以一味專注於抽象的內在健康。」[11]

因此，在「公」與「私」之間，大多數香港中產都會選擇關心私人的利益多於公眾的福祉，自己和親人的利益需求通常都被放在首位。正如帕爾默（Parker J. Palmer）引述辛納特（Richard Sennett）的講法，指出我們私人的生活已被「親密的暴政」（tyrannies of intimacy）所主導。舉例而言，子女的學業、樓宇按揭、夫婦關係、每月的家庭開支等事情幾乎佔據生命的全部。[12] 生活圍繞著這些最親密的關係盤旋，生命被這些私人的事情支配和操縱，猶如經歷暴政的管治。

不少中產信徒亦不能例外，他們同樣內化了這種較關心自己利益，不問世事，強調個人努力的中產個體主義意識形態。

四　有需要講公共神學嗎？

教會將信仰過度私有化，的確是一個需要正視的問題，而信仰過度私有化恰巧就是一種教會世俗化的具體表現，亦因而在近年引起了公共神學的關注。

「公共神學」是當代美國最重要的一種神學運動，這概念是由好幾位神學家在特定的語境中發展出來的。「公共神學」一詞首次見於美國教會歷史學家馬蒂（Martin E. Marty）於一九七四年出版的一篇名為〈萊因霍爾德．尼布爾：公共神學與美國的經驗〉（"Reinhold Niebuhr: Public Theology and American Experience"）的文章之中。馬蒂以「公共神學」的概念來描述基督徒如何公開利用聖經和基督教教義這些資源來介入社會公共事務，若按照這個定義，馬蒂認為，除了萊因霍爾德．尼布爾（Reinhold Niebuhr）、愛德華茲（Jonathan Edwards）、饒申布什（Walter Rauschenbush）這些神學家之外，還包括一些政治家如富蘭克林（Benjamin Franklin）、林肯（Abraham Lincoln）和威爾遜（Woodrow Wilson）等人，都曾在「公共神學」上作出過貢獻。[13] 若然說到大力推動公共神學的研究和發展的人物，當然不能不提深受加爾文主義（Calvinism）影響的普林斯頓神學院（Princeton Theological Seminary）榮譽教授斯塔克豪斯（Max L. Stackhouse）了。斯塔克豪斯認為，當代的公共神學家或在這方面作出過貢獻的，還包括特洛爾奇（Ernst Troeltsch）、凱珀（Abraham Kuyper）、田立克（Paul Tillich）、馬蒂、特雷西（David Tracy）、馬丁．路德．金（Martin Luther King）、卜仁納（Emil Brunner）和莫特曼等。[14]

斯塔克豪斯在一次訪問中，對公共神學在西方的出現概括出兩個原因——世俗化和個人主義。首先，西方的現代化導致社會世俗化的出現，世界日益變為世俗的，屬於神聖的宗教便只好轉入私人的領域。其次，有些神學只集中關注自我和個人的信仰，於是助長了某些福音派和西方文化發展極強的個人主義。基於此，他聲稱：「公共神學反對世俗化和個人主義，開始談論社會空間，就是那些介乎政府（被認定是世俗）和自我（被認定是私人的並基於個人利益）之間的機構和價值。這是社團或社會的神學模式，對於現代複雜的全球化了的文明是必須的。」[15] 他又呼籲神學家、神職人員和平信徒要「成為利用神學資源的『公共知識分子』（public intellectuals），去呼喚社會的正義。他們將自己視為基督的使者、先知、來自上帝之國的祭司和國王，他們堅信自己必須為公共生活承擔精神和道德建設的責任。」[16] 在斯塔克豪斯的心目中，公共神學所關心的更應該由地域性擴展到全球化的公共性，他如此說：「如果人們為全球化所影響，他們必須研究基督教神學的某些方面，以認識是何種力量從意識形態和道德上驅使著全球的發展。」[17]

斯塔克豪斯懷有很大的抱負，要為全球化的公共空間提供一個基督教神學的公共視域或世界觀。基於此，他承認公共神學必須包含一種更為廣泛的對談，要跟全球不同區域的哲學、宗教、經濟、政治、科學及其他文化領域進行對話。在進行對話的公共論域內，雖然他仍然承認教會在公共神學中扮演著重要的角色，不過，似乎無可避免仍要為私人和公共、教會神學和公共神學作出明確的區分：「首先必須區分甚麼是可與所有人溝通、辯論的，以及甚麼是純粹私人的，就是在公共和私人之間作出區分。」[18] 言下之意，公共論域是可以透過具普遍性的公共理性而跟所有人溝通的，相對之下，私人領域就不具備公共理性所賦予的可溝通性。如此就明白他為何這樣說：

> 「神學」，合適地理解，不只是一種私人或個別信仰的理性化。⋯⋯在公共的論壇中談論諸如上帝這樣最重要的問題，這是可能的——以能夠與其他學科互動並在人們當中具有意義的方式。這稱為「公共神學」有兩個原因。首先，因為我們作為基督徒相信我們應該提供給這個世界的拯救不是隱祕的、特選的、非理性的或不可觸及的；第二，這樣一種神學將指引公共生活的結構和決策。在本質上，它是倫理上的。[19]

神學不應該仍舊停留在個人信仰的非理性和隱祕的層面上，神學最深刻層面的關注應該是公共神學的關注，斯塔克豪斯說：「一向關聯於個人信仰、關聯於特定信仰羣體的『神學』，在其最深刻的層面既不在於個人的虔信，也不在於認同那些僅僅面對信眾的教會神學；而是與⋯⋯社會學家、經濟學家、政治理論家、人類學家涉及同樣的問題。」[20]又說：「公共神學屬於不同的層面，它非常重視宗教在文化中的運作方式，與某些專門看重信仰和啟示的教條傳統完全不同。」[21]「而公共神學之所以比公民宗教更強調倫理的維度，恰恰是因為它一方面較少地依賴於語境，另一方面又較少地依賴於單一的信仰傳統。」[22] 明顯地，他已經將公共神學跟只屬於某一特定的信仰和教義傳統的教會神學分別出來，並更加看重前者。

既然神學要進入全球性的公共論域，要跟全球的文化進行對話，就不可能再停留在基督教自己狹窄的傳統內，用私有的隱密性語言自說自話。於是難免會出現諸如田立克和特雷西等神學家所關心的問題——如何處理基督教信息跟現代文化處境的關係？自然要設法建構一套如何跟現代人的共同核心經驗關聯，以及跟現代文化處境進行對話的神學方法。由此，田立克和特雷西等神學家所理解的公共神學或文化神學，便難免不屬於一種人文學式的神學論述了。

促成這種人文學式公共神學的訴求明顯跟現代性（modernity）的出現有關，特雷西等人的公共神學的構思，其實頗為接近特洛爾奇的想法。正如劉小楓對特洛爾奇的神學所作的評論：

> 從現代問題意識出發，不僅單純的教義史失去了時代意義，單純的教義學也失去了時代意義。協調信仰與知識的時代衝突、基督教信仰與現代世俗精神的時代衝突，需要建構一種綜合性的基督教理論，使基督教神學在現代經驗哲學、歷史學和社會學等主流文化構成的思想文化語境中具有溝通能力。[23]
>
> 特洛爾奇明確申言，他將致力建構一種神學的全新

> 面貌，以批判的先驗哲學為基礎，採納現代人文學的各專門學科的知識材料，自由地展開神學思想。傳統的教義釋經式神學將向宗教哲學、宗教社會理論、宗教歷史學和宗教倫理學轉化。[24]

由斯塔克豪斯到特洛爾奇，不同的公共神學家均以不同的力度去把公共神學從教會神學中區分出來，並且促成教會神學向人文學式公共神學作出明顯的轉化。

綜合以上的陳述，首先，筆者認為上述的公共神學家們反對教會將信仰過度私有化，並主張教會信徒對社會的公共事務和公共生活有所承擔，顯然是非常正確的看法。然而，筆者仍想就著下列四方面，提出一些質疑和批判性的反思。第一，如果公共神學不去批判，反而繼續順應自由主義的「中立論」，因而讓它仍舊主導著現代人的思維的話，斯塔克豪斯要以公共神學作為全球性的公共視域或世界觀這種宏大的抱負，是否最終只是一廂情願的理想？第二，難道神學只可以在具備公共理性所賦予的可溝通性的先決條件下，才能進入公共論域發聲麼？神學豈不是更應該在公共空間中作為陌生者（stranger）而發出異類的聲音嗎？第三，在神學的理解上，公和私之間可以作出區分嗎？一套抽離私人領域而只集中關注公共領域的所謂「公共神學」如何可能？若實際上神學本無公私之對立二分，則「公共神學」這觀念本身是否已經不合邏輯呢？第四，將公共神學跟屬於特定信仰傳統和建基於啟示的教會神學作出區分，並認為教會神學只屬單一的信仰傳統和私人領域而欠缺公共性，因此很難進入公共論域，這種觀點是否正確？難道教會和教會神學在本質上必然不具有公共性麼？

五　公共與私人的關係

如果有公共神學，是否意味著有所謂私人神學（private theology）？何謂私人神學？難道神學有公私之分嗎？難道神學只應談及私人信仰而永不應該涉及公共的事情麼？反之亦然，難道神學只談公共而無視私人的信仰空間嗎？公共與私人是彼此對立？非此即彼？抑或應該是相輔相成的呢？

神學固然不應將宗教私有化，但亦不可能只講公共生活而不談私人的信仰生命。帕爾默講得好：「正確地說，公與私是互相交往，彼此形塑，它們各自的存在都需要仰賴對方。」[25] 又說：「對我們的人性和生命的福祉而言，擁有公共生活如同擁有私人生活般重要，欠缺任何一樣，生命都不能完整。」[26] 公共空間與私人領域猶如一個錢幣的兩面，彼此共存，互相建構對方成為一體。在現實生活上，我們根本不可能永遠自限於私人領域之內，很多時公共空間就是私人領域的延伸或出路。如帕爾默所言：「沒有任何重大的願景能在私人生活的有限領域內會得到完整的表達。願景若要達成，公共領域是遲早必須要找的出路。」[27] 當然，反過來亦可以這樣說：「最公共的人物，正是最需要私人的生活去承托他們在公共裏的生存，以及使他們在公共領域裏所做的工作更有質素。」[28] 因此，在帕爾默的心目中，私人生活並非與公共生活對立的另一選擇，實在無需對公私作過度的區分。[29] 如此說來，一套抽離私人領域而只集中關注公共領域的所謂「公共神學」，不但是不可能的，而且是不合理的。

六　教會跟公共生活有何關係？

對帕爾默來說，教會跟公共生活的關係，必然關乎教會的使命的問題，教會的使命是要克服人與人之間的疏離、破裂和崩解而趨向合一與復和。教會的這種使命，恰好就是公共生活的使命，它們其實有著同一的理想。[30]

如果教會的使命乃是朝向合一與復和，而合一乃是意味著接待那些差異和陌生的他者，願意跟他們共存。帕爾默認為，這些陌生的他者惟有存在於公共空間裏。因此，教會需要在公共領域中才能活出人類合一的願景。[31] 同時，惟有活在公共社會裏，我們才能經常被提醒生命不僅只跟相熟的朋友結連，還有要學習如何住在陌生的他者中間，如何跟差異的他者分享公共的資源、地域和面對共同的難題。[32]

帕爾默特別強調，教會對人類合一的理解跟政治理論的理解不同。對後者而言，最終所關心的仍是個人利益的維護和分配的問題，人只是為了利益才走在一起，合一是為了擴大利益，因此政治理論所論的合一，其實是強調不同利益羣體之間的妥協和調適，當中包含不少計算和操控。教會所講的合一卻不同，縱然彼此存在極大的差異，但由於大家都是同一位上帝所創造的兒女，因此可以彼此共融，在一起時看重的不再是計算、競爭、壓制、衝突、暴力和自我的利益，而是互助、互勉、和平、彼此接待和自我的付出。[33]

七　教會神學的公共性

傳統以來，神學都是在教會這個宗教羣體和建制裏面進行，因此我們一般所理解的神學就是教會神學。意思是：神學是由教會來做（by the church）、在教會中做（in the church）、並且是為教會而做的（for the church）。

「神學是由教會來做，以及在教會中做」，這是要回答神學知識論和神學方法論的問題。即是說，神學知識首要的來源，必定是來自教會羣體之內的信徒對上帝的道（或啟示）的聆聽，以及來自因聆聽上帝的故事而形成的特定教會傳統的語境；而不是來自教會之外的所謂具普遍性的公共理性、人類的共通經驗或世俗文化的公共論域。當然，教會羣體在牧養實踐上的需要和關注，亦會反過來影響我們如何詮釋所聆聽到的上帝的道和上帝的故事。簡而言之，神學就是「信仰尋求理解」（faith seeking understanding），這種神學就是「由教會來做，以及在教會中做」的教會神學。

至於「神學是為教會而做的」，當然並非指到教會將神學私有化，亦不是指到神學只談論個人信仰的事情。耶穌在世上設立教會的目的，是要傳講天國的福音。因此，「為教會而做的」教會神學，就是為傳講上帝國的福音而設的，亦是為如何以上帝國的倫理去牧養信徒而設的。難道上帝的國度只會涉及私人的領域而跟全世界的公共領域無關麼！故此，要說明教會神學的公共性，就不可能不從上帝的國度作切入點。

基於上述的理由，筆者便選擇以莫特曼、巴特（Karl Barth）和侯活士三位神學家的思想，來闡明若要重新確立教會在公共論域中的公共性的話，其實就應該從**以上帝國度為核心的教會神學**本身做起，而未必需要另立甚麼公共神學，因為教會神學本身已具備足夠的公共性了。

1. 莫特曼的「上帝國度的神學」的公共性

在莫特曼心目中，神學只有一個主題，就是上帝。然而，上帝在哪裏？莫特曼認為上帝既不存在於我們的宗教裏，也不存在於我們的文化裏，甚至不存在於我們的教會裏，上帝只會存在於祂自己的國度裏。如果上帝就是真理本身，換言之，真理便不存在於我們的宗教、文化和教會裏，而只會存在於上帝的國度裏。因此，惟有當宗教、文化和教會臨在於上帝國度或被上帝國度管治時，真理才能顯現，於是莫特曼便認為任何神學都一定是「上帝國度的神學」（kingdom-of-God theology）。[34]

既然神學是「上帝國度的神學」，那麼，神學在本質上就不可能沒有公共性了，正如莫特曼說：

> 如果教會嚴肅地看待神學，那麼神學就必須像教會一樣，成為一種上帝國在這世上的功能（function）。作為一種上帝國的功能，神學也屬於社會生活內各種不同的領域（如政治的、文化的、經濟的和生態的領域），這便顯示在政治神學、文化神學、教育神學、生態神學和自然的神學（the theology of nature）中。在所有這些領域中，上帝國神學就是一種公共的神學，它參與社會的公共事務，並且批判性地和先知性地『介入』其中，因為它從來臨中的上帝國度出發，來看待公共的事情。[35]

莫特曼認為，只要神學是奠基於上帝國度的神學，則神學便不可能欠缺公共性。而且他心目中的公共神學，必須是從上帝來臨中的國度作為出發點，切入世俗文化，因此公共神學不但不會遷就世俗文化，反而能夠對世俗文化發揮批判和更新的功能。

2. 巴特的教會神學論教會的公共性

若論到教會神學，當然不能不提巴特了，韋伯斯特（John Webster）稱巴特全然是一位教會神學家。正如巴特的巨著《教會教義學》（*Church Dogmatics*）的書名所指，他完全是為教會而不是為俗世的學術界來做神學的，教會神學最重要的任務是要建基在上帝的啟示下，批判教會在世上的宣講和行動是否與福音相稱。[36]

雖然如此，我們卻不能說巴特對社會文化和公共事務漠不關心。事實上，他曾先後投身政治活動，直接參與一些有社會主義背景的政治團體。[37] 德國神學家馬葛特（Friedrich-Wilhelm Marquardt）的一本書，名為《神學與社會主義：以巴特作為範例》（*Theology and Socialism: The Example of Karl Barth*），其主要立場是要論證巴特是一名宗教社會主義者，他的社會主義政治實踐成為他一生做神學的重要脈絡和基礎。簡單來說，馬葛特認為神學和社會主義政治實踐是巴特一生事業的一體兩面。[38] 雖然這本書的論點在學術界引起過爭論，但無可否認的是，在一九五六年的一次訪問中，巴特說到：「我決定從事神學，因為我覺得有需要為我的社會行動尋找一個更好的基礎。」[39] 直到一九六八年，巴特仍承認：「我對政治的興趣延續到今天。」[40]

雖然巴特曾直接參與政治，亦表示對政治一直感興趣，但絕不等於他認同教會應該被君士坦丁化，他斷然反對教會和神學為政治服務。在一篇名為〈基督徒羣體和公民羣體〉（"The Christian Community and Civil Community"）的文章裏，[41] 巴特明確主張：「教會並不相信和服從任何政治體制或現實，而是相信和服從道（Word）的權能，就是上帝堅固萬有，包括一切與政治有關的事情。」[42] 巴特堅持，教會和神學永遠不應為任何政治體制或政權服務，因為教會和神學只有一個重要的任務，就是惟獨只應服事上帝的道。上述這篇文章，可算很能代表巴特的神學政治（theological politics）立場，其神學進路明顯有別於自由主義神學家做政治神學（political theology）和文化神學的方法，巴特堅持必須回到教會神學的基礎去思想基督徒羣體（即教會）與公民羣體（即國家）的關係，以及教會這社羣的政治性和公共性的問題。

在〈基督徒羣體和公民羣體〉一文裏，巴特要討論的就是教會與國家（church and state）之間的關係。這兩個羣體固然在本質上和功能上存在很大的差異和分別；[43] 不過又不能說兩者完全各不相干。起碼教會裏依然存在如世俗政權般的愛心冷淡、暴力衝突或爭權奪利等政治性問題。若從正面一點的角度來想，也可以說，公民羣體內一些憲政體制上的元素（constitutive elements）同樣適用於基督徒羣體之內。例如基督徒羣體同樣需要在職能和職權上安排不同的分工和權限的分配，同樣需要律法來維持成員之間共同生活和行動的秩序，藉以體現耶穌基督的管治主權。僅在上述這種意義上，巴特認為教會已經含有某程度的政治性，事實上，希臘文「教會」（*ekklesia*）一詞就是從政治領域裏借用過來的。[44]

當然，巴特亦承認教會與國家這兩個羣體之間，其實也存在著更正面的關係性（positive relationship）。他從來沒有否定國家或世俗政權存在的積極意義，由於世界仍未完全脫離罪的權勢，因此上帝仍然使用國家作為施恩的工具，透過國家行使政治及法律的權力去維持社會的秩序。這既是上帝對帶罪的世界仍存忍耐的恩典；亦讓教會有時間去宣講基督天國的福音。[45] 就此而言，教會與國家可謂關係密切，因為它們負有相同目標的責任。巴特形容教會與國家是同心圓的兩個圓圈（two concentric circles），基督和上帝的國度是它們共同的圓心，教會是內圍的圓圈（inner circle），國家則是外圍的圓圈（有時稱為較闊的圓圈；outer circle or wider circle）。國家雖然在教會之外，卻永遠在基督和上帝的國度之內，因而國家最終亦應該受上帝的道的管治。[46]

巴特很喜歡用「基督徒羣體」這詞彙來形容教會，反映了他非常強調教會的社羣性，教會就是三一上帝藉著耶穌基督與世上所有子民立約的一個約的羣體。因此，基督徒羣體的信仰就不可能只表現為一種流於私有化和個人主義式的信仰。而且，教會又不單是一個基督徒社羣，教會本身同時也是一個具政治性的公民羣體，因為在立約的關係裏，上帝屬意這羣體內的人要作上帝國裏的公民，被上帝這天國的君王所管治。或者從另一角度來說，耶穌呼召教會要向全世界，宣講上帝在全地作王這天國的福音，實踐在世上做鹽做光的天國倫理。就此而言，巴特聲稱基督徒羣體的存在就甚具政治性，教會本身就是一個活出和見證上帝國的政治倫理的政治性社羣。[47]

雖然教會這個另類的政治性社羣有別於世俗的公民社會及任何政治體制，但教會同樣跟世俗的公民社會一樣，對社會的公共事情負有共同的責任，由此而表現教會本身的公共性。而教會所負上的社會或政治責任，不是別的，原來就只是做回教會自己的本分，讓教會成為真正的教會，盡力做好自己作為基督國度裏內圍的圓圈所應盡的責任。[48] 具體而言，就是以上帝的道來批判和揚棄宗教、政治、經濟各種社會文化領域內所表現的罪性，以及背負政府所不能背負的責任，藉以傳揚耶穌基督所宣告的天國的福音。對巴特來説，教會本身固然不是上帝的國度，教會只是在俗世中見證其所認識、相信和盼望的那臨在的上帝國的福音。

3. 侯活士的教會神學政治

當基督徒認為要建立一套符合公共理性的共通語言，才能進入公共論域去跟公眾溝通，並以這樣的動機去建構公共神學的時候，侯活士卻提醒他們，他們其實可能已經落入一種似是而非的假設：即「假定基督教信念的首要任務，是要『支持』（support）人類的價值，但這假設則假定基督徒永不會徹底地反對世界，即不會集合起來抗衡他們文化中那些主導的價值。」[49] 因此，侯活士認為，這種因著「支持」而可能被人類世俗價值「同化」的後果的背後，也許其實隱伏著害怕基督信仰跟世俗文化之間出現太大斷層的心理恐懼。[50] 侯活士以上的講法，並非故意要跟世界挑起爭端，亦非刻意與世界為敵，其實只是想提醒基督徒，不要重回教會被君士坦丁化的錯路，切勿試圖以獲得世俗公共理性的認受性和權力地位這樣的目的來介入世俗的公共領域中。侯活士的心願，只是期望「基督徒借助那形塑他們羣體的**獨特**敍事，使他們與世界分別出來。基督徒要成為一羣**分別為聖的和平子民**，可以活出蒙恕者的生命」。[51] 故此，侯活士支持「政教分離」，但支持「政教分離」不等於否定教會的政治性和公共性，他認為教會本身就是一個政治實體，只不過這是一個有別於俗世政權和體制的另類政治實體而已，亦惟有這樣，才能以教會自己獨特的世界觀或價值觀去影響公共領域。

侯活士強調教會的獨特性及其在俗世文化中的「分別為聖」，顯然並非要建立和鞏固基督教或教會在俗世中的優越性和宰制性的地位，更不是試圖將基督教置於道德高地，令人覺得惟獨教會擁有更多的真理，基督徒比俗世大眾擁有更高尚的道德情操。反而是要表明上帝乃是呼召信徒預嘗上帝那和平國度的滋味，又命令教會要忠於和實踐上帝所交付的召命，那召命就是讓世人看見上帝的和平國度。教會本身固然不是那國度，只是惟獨在教會中，上帝可以透過其敘事轉化信徒的品格和生命，以致上帝的敘事被活出來，使世人能看見上帝的和平國度。如此說來，侯活士便聲稱教會的「分別為聖」不但不是一種惟我獨尊式的自義心態，反而是一種俗世社會自身那種思維所無法理解的一種服事和犧牲的生命形態，這正是基督福音所獨具的徹底性或本源性（radicalness）。[52]

由此可見，侯活士的社會倫理學，並非一套以基督教神學來支持世俗化價值觀或為世俗文化尋找合理化論據的學說，亦不是一套合理化某一世俗政治哲學（如自由主義或民主思想）的政治神學表述，正如他說：「教會的存在並非要為民主或其他社會組織提供一種文化精神（*ethos*），而是要成為每個國家的另類政治選擇，見證那些由耶穌故事所塑造的社會生活的可能性。」[53] 無疑，這是一種「神學政治」（theological politics）的思考向度。侯活士又清楚指出，若以「政治神學」（political theology）的向度去思考教會的公共性，便會存在下列的問題：「『政治神學』所主張的，就是強調基督徒信念的意義與真理，不能與其政治含義（political implications）分割。但他們的錯誤，卻是將『政治』的意義單單跟社會改革的問題聯繫在一起。事實上，對教會來說，最重要的『政治』問題，就是教會應當成為一個怎樣能夠忠於基督徒核心信念的故事的社羣。」[54]

侯活士反對使用「政治神學」，卻贊同用「神學政治」的向度去思考教會的公共性，這無非是要說明教會就是一個政治實體，教會的任務是要成為公共社會的另類政治選擇。簡而言之，亦惟有讓教會成為真正的教會，世界才能成為真正的世界。這大概就是侯活士的基督教社羣倫理學或神學政治最核心的精神。在《和平的國度——基督教倫理學獻議》（*The Peaceable Kingdom: A Primer in Christian Ethics*）中，他正是如此地表達這核心觀念：

> 說得極端一點，我認為教會首要的社會／社羣倫理任務，就是要成為教會（僕人的羣體）。這主張聽來似乎只顧自己——除非我們記得教會之所以為教會，是因教會在這世界中忠心地彰現出和平的國度。教會不帶有一社會／社羣倫理，教會就是一社會／社羣倫理。[55]

> 教會——這些人能夠憶起和講述我們在耶穌裏所找到的上帝的故事——首要的社會/社羣任務，就是要成為教會，因而能幫助世界明白自身是世界。固然，這世界是上帝的世界，乃是上帝美善的創造，因其仍受到上帝之美善所約束，也因而更顯得受到罪所扭曲。因此，教會要成為教會，並不是要反抗世界，而是要嘗試表明世界作為上帝美善的創造而理應是甚麼樣子的。[56]

因此，侯活士的基督教社羣倫理學基本上就是一種教會神學，教會神學本身已具備其獨特的社會性和公共性了。

八　接待倫理對教會神學向公共開放的啟迪

誠然，以巴特為代表的教會教義學和侯活士所代表的神學政治學，經常被人評論為過於「教派性」(sectarian)，批評基督教神學家只在自成的世界(即是自己教派的信仰羣體和教會傳統內)自說自話，以一套讓公眾感到陌生的私密的信仰或教義的語言系統來評論公共世事。因此，教會之外的局外人根本無法挑戰其論述之真假，失去了受檢視和被批判的可能，容易給人自圓其說的印象。同時，表面上亦由於似乎欠缺一套公共語言以在公共論域內跟外人溝通，而以致容易給人一種很封閉的印象和感覺。

基於此，更有必要提出一套基督教的接待倫理(the

ethics of hospitality），以確保在講述教會神學自身所開出的公共性的同時，亦能保持對公共論域中陌生人（或他者）的開放性。帕爾默對接待倫理如何有利於對公共的開放性有這樣的理解：

> 接待尤其重要，因為它將私人與公共生活連在一起，它為我們提供了一條遊走於兩個領域之間的通路。陌生人存在於公共領域，接待的途徑卻屬私人的。接待的意思就是邀請陌生人進入我們私人的空間——無論那是我們自己家園的空間，抑或是我們個人意識省察和操心關切的空間。當我們發出這樣的邀請時，某些改變就會馬上發生，我們私人的空間便會突然增大，不再有擁擠、狹窄和限制，反而是開放、擴充和自由。而且我們的空間或會被啟迪，……對陌生人的接待，會為我們帶來一個從不同眼光用嶄新角度去觀察我們生命的機會。[57]

對陌生人的接待固然是展示了對他者接納的一種好客關係，但帕爾默卻解釋到，這種好客關係跟親密的朋友關係不同，接待倫理必須讓陌生的他者繼續保留其作為他者應有的陌生性，主人和客人必須繼續各自保持自身的陌生性、差異性和獨特性，就算雙方缺乏共通的語言，就算對方所講的那套語言並非我所能理解和認同的，卻仍然必須尊重對方的説話權利，仍然要學習如何以無條件的愛去接待這位陌生客，也許這才是福音的真正精神。[58]

九　結語

在結束這篇文章之前，筆者想借用侯活士和韋利蒙（William H. Willimon）在《異類僑居者》（*Resident Aliens: Life in the Christian Colony*）中的一些觀點作為總結。他們認為士萊馬赫（Friedrich Schleiermacher）和田立克等神學家所做的公共神學（又稱為護教學）是最名副其實地富現代性的，因為他們正是專為受過啟蒙運動現代文化洗禮的現代人而做神學，試圖將古老的基督教神學和聖經世界那套語言，「翻譯」為符合現代世界觀的一套可以跟現代人溝通的語言，好讓現代人（尤其是一些文化人）不再蔑視基督教文化，並認為基督教神學在知識界中是具有可信性的，期望由此奪回基督教神學在公共論域中的話語權。然而，侯活士和韋利蒙卻擔心，由於這種只為調適和關聯現代文化的公共神學過於要遷就現代人的世界觀，因此這類神學反而最終會容易扭曲基督信仰的福音。他們認為，與其說田立克的神學夠「摩登」（modern），不如說巴特的神學比田立克的更「新」（new），因為田立克只是設法構造一套更新、更具調適性（adapted）、更能符合現代思維的系統神學思想而已；但巴特的教會神學，卻是苦心經營和創造一更新和更好的教會，讓福音塑造和轉化教會內信徒的生命而成為新造的人，建立新造的基督徒社羣。神學的任務並非只是將基督教古老的語言翻譯為現代的語言，反而是要將現代俗世的語言翻譯進上帝的道裏。神學的工作並非要讓福音説服現代世界去接受其為可信的，也並非要思想如何把上帝的話詮釋，使之受現代人所歡迎和接納，反而是要讓世界去説服福音它是可信的，反而是要思想如何以上帝的話去批判性地詮釋俗世的文化。這就是巴特的神學之所以是更「新」的意思。[59]

下篇

作主門徒的政治
——對今天香港教會的批判[1]

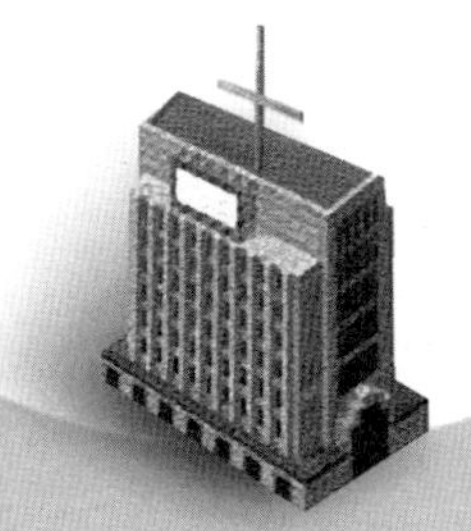

作者簡介：

劉振鵬，浸信會牧師；英國愛丁堡大學（The University of Edinburgh）哲學博士、美國杜克大學神學院（Duke Divinity School）神學碩士、香港浸信會神學院道學碩士、美國紐約州州立大學石溪分校（State University of New York at Stony Brook）文學碩士；現任香港浸信會神學院（基督教倫理）助理教授。研究興趣：約翰．尤達倫理學、浸信會信仰與歷史、門徒學、政教關係、基督教倫理學、教會與社會。

一　引言

一九九四年四月至六月短短一百天之內，盧旺達（Rwanda）有八十萬人在種族清洗中被屠殺，當中的受害者大部分都是圖西族人（Tutsi），他們在這次屠殺中被胡圖族人（Hutu）殺害。這次種族屠殺的導火線是當時盧旺達總統胡圖族人哈比亞利馬納（Juvenal Habyarimana）遇刺身亡，數小時之內，暴力騷亂便由首都蔓延至整個國家，並持續三個月才平息。[2] 盧旺達曾被譽為「非洲中最基督教的國家」，百分之九十的人口有教會背景，何解會發生滅絕人寰的種族清洗？甘普（Lee C. Camp）認為是次種族清洗的悲劇，充分説明從西方傳入該國的基督教並**未能建立門徒的羣體**（communities of disciples），輸入的福音並不能改變當地信徒的種族認同；他們是基督徒，但當中很多人仍認為圖西族或胡圖族的身分是最重要的。換言之，這是未能實踐「作主門徒」(discipleship)的後果。[3]

今天香港教會的狀況是怎樣的？當然，香港不太可能發生類似的種族屠殺，但我們會否同樣把「作主門徒」置諸高擱，或僅以之為一種頭腦上的認知，而把信仰與生活分割，於是，我們的生命不單未能榮神益人，甚至羞恥主名？本文嘗試從四方面，點題式思考教會在社會的處境，並其應有的政治角色：首先，西方教會的兩大問題——君士坦丁式白內障(The Constantinian cataract)及信仰與生活分隔(compartmentalisation)；其次，教會與社會的關係為何？其三，教會透過作主門徒的踐行(practices)而成為另類社羣(alternative *polis*)，作為回應社會的政治性行動。最後，反思香港教會的現況。

二　西方教會的兩大問題
——君士坦丁式白內障及信仰與生活分隔

尤達(John Howard Yoder)可謂是其中一位對西方教會的君士坦丁主義(Constantinianism)鞭撻最力的神學家。簡單而言，君士坦丁主義是指羅馬帝國皇帝君士坦丁(Constantine)於公元四世紀，把基督教教會收納為國家教會(the state church)後的政教關係(church-state relations)；另一個形容這種帝國與教會的婚姻(the marriage of empire and church)的名詞為基督王國(the Christendom)，甘普提醒讀者不要把基督教與基督王國混淆，兩者並不等同。[4] 對尤達而言，這段政教的婚姻乃西方教會墮落的開始，並對教會產生災難性的影響，他的學生甘普同樣指出此乃西方教會的致命傷，稱之為君士坦丁式白內障。

究竟何謂君士坦丁式白內障及其癥狀為何？

甘普形容西方教會的致命傷在於誤以為政教合一在本質上是美善或正常的事情；他甚至指出這情況在美國所帶來的後果更為嚴重，甚至是一種危險。自立國以來，美國便自詡實行政教分離；可是他們也自視為被上帝所揀選的新以色列，故此，其內在價值便是一個「基督教國家」，這是一個糾纏不清的死結。所以這個「白內障」代表那些阻礙我們閱讀與理解聖經的態度、假設與信念。[5]

至於「白內障」的癥狀如下：一、「基督教」逐漸失去聖經中對作主門徒的重視，而以宗教禮儀取而代之。二、「教會」不再以「基督的身體」象徵新約的門徒羣體生活的觀念，取而代之的層級體系（hierarchy）被用以保護正統（orthodoxy）。三、「救恩」不再被解釋為轉化的恩典，並非當下上帝國度（now-present Kingdom of God）的豐盛生命，而開始被等同他世的獎賞（otherworldly reward）。四、救恩更被扭曲為一份免落地獄的保險和上天堂的通行證。五、在基督王國中，全世界都被視為基督教的疆土，但教會與世界卻是不像基督（un-Christlike）。六、托爾斯泰（Leo Tolstoy）描述他對十九世紀基督教王國的經驗：「今天，跟以往一樣，不能從一個人的生命及行為，來分辨這人〔他〕

是否一名信徒」。[6]

何謂信仰與生活分隔？

基本上，這是一種割裂的生命。一方面，人們視救恩只屬宗教層面的事情，與日常生活無關；糟糕的是，很多基督徒皆活在這種狀況而不自知。[7] 另一方面，人們把福音分隔（compartmentalising the gospel）：把信仰與倫理學區分為兩個獨立的類別，這與「耶穌是主」（Jesus Christ is Lord）的宣告背道而馳，這意謂祂並不擁有我們生命所有層面的主權。這種觀點導致基督徒會這樣說：私下而言，我是一名基督徒，不過公開而言，我是一名文員、商人、老師、警察、政務官或法官。這就是一種把信仰與生活分隔的表現。甘普認為正確的信仰觀應為：我們視自己為耶穌的學徒（apprentices），被呼召從事某一行業。不論教育程度、名銜與職位為何，我們都是福音的使者。[8] 換言之，正確的基督信仰是信仰與生活並不分割。

對於這個現象，另一位尤達學派（Yoderian）學者克拉普（Rodney Clapp），在其著作《非凡的凡民——教會在後基督教世界中的文化身分》（*A Peculiar People: The Church as Culture in a Post-Christian Society*），則從教會的本質、類別、政治與文化的關係、禮儀與崇拜等範疇作深入的討論，稱之為信仰私有化（privatisation of faith）。[9] 其中的例子是作者對美國著名的福音派作家高爾森（Charles Colson）及楊腓力（Philip Yancey）的論點作分析，指出他們二人實質上被自由主義（liberalism）所俘擄。[10]

以高爾森為例，克拉普引述高爾森對耶穌基督信仰的附加條件：「我不會那麼專橫，認為只有基督的福音才可以帶來道德改革。我樂見任何能夠給人幫助的努力。然而，在我生命中帶來持久影響的，卻是耶穌基督，這也是我可以向別人推薦的。」[11] 克拉普同意高爾森所言，並非只有基督教才能夠使世界變得美好，可是這個說法的問題在於：它很容易讓人聚焦於耶穌基督在「**我**生命中」所帶來的改變，這便正中自由主義者的下懷，即把信仰歸入私有和感情的類別中。[12] 尤有甚者，高爾森隨即作補充：「（基督教在監獄改革中）不是行得通（works）嗎？」對克拉普而言，這種效益（effectiveness）取向更暴露了自由主義的重要痕跡：先是**私有化**，後是**實用主義**（pragmatism）。克拉普點出自由主義對宗教或宗教人物的看法：「耶穌是『我的』事情，並對我是『有效用』的。」由此可見，高爾森視「基督教（和一般的宗教）最重要的是內心的事情（an inward matter）。若對公共或社會有任何影響，那都是間接的。」簡言之，「信仰生活主要是個人與私人關注的事務。」[13]

三　教會與世界的關係

何謂教會（church）？尤達認為教會乃是：

> 上帝的子民乃是一羣人，聚集成為一個羣體（unit），奉上帝的名聚集一起做事，探索何謂在當

> 下踐行一種與眾不同的生命質素之意義，這是上帝對他們及對世界的應許，也是他們對上帝及服事世界的承諾。[14]

尤達提醒我們，耶穌所講的「教會」，其亞蘭文（Aramaic）的意思與今天二十一世紀的理解有差異。它不是一個敬拜的聚會，不是一羣聚集敬拜的人，也不是一個人們聚會的建築物與組織；其原意乃「一個處理社羣事務的公共聚集」。他以一些現代政治的（political）詞彙來澄清耶穌對教會的觀念，例如：議會（assembly）、國會（parliament）、市政會議（town meeting）。[15] 尤達指出，現今這個「政治的」詞彙是用於形容國家或政府（state）多於用以形容教會，這是一個根深蒂固的想法，卻也是一個扭曲的想法。因為在聖經的思想中，教會實際上是一個政治的實體（political entity），被稱為城邦（*polis*）。在兩約的語文中，教會（*qahal*, *ekklesia*）原本乃指涉一個協商式議會的政治集體（body politic）。在聖經的語文中，關於「基督」與「教會」二詞的意義是政治性多於禮儀性的。尤達認為，在根本的意義上，教會的政治性比國家或政府的政治性更為真實；換言之，與國家或政府相比，教會是一個更名副其實和更有恰當秩序的社羣。[16] 此話何解？尤達以巴特（Karl Barth）在《教會教義學》（*Church Dogmatics*）卷四第二部第六十七段第四部分有關「羣體的秩序」（The Order of the Community）的論述來解釋。尤達指出巴特的論述的較佳的英文翻譯應為「秩序」（order），而非「法規」（law）：[17]

> 真正教會的**秩序**是模範的**秩序**……一般而言，它是人類**秩序**的形成和管理的模式，因此它也是其他政治、經濟、文化及其他人類社會**秩序**的模式。[18]

縱然有著架構上與本質上的差異，信仰羣體（教會）與人類社羣（世界）卻並非兩個截然不同的東西，它們是在同一主權（Lordship）下兩個相關的層面。[19] 透過對教會（基督徒羣體／基督的身體）的呼召，上帝藉此預示（to prefigure）其對人類社羣的心意和期望。換言之，上帝要求基督徒羣體活出一套生命的樣式，從而成為社會生活的典範。[20] 故此，上帝乃是透過教會來預示其對人類社羣組織（國家或政府）的期望，也可稱之為人類社羣組織的典範（paradigm），所以教會是一個更名副其實和更有恰當秩序的社羣。

何謂世界？尤達以約翰福音十五章，耶穌在最後的逾越節晚餐的對話來闡釋世界的意思。

約翰福音十五章 20 至 22 節記載耶穌被釘死在十字架的二十四小時之前，祂與十二門徒一起守逾越節的晚餐。當中除了設立主餐外，耶穌也利用這個最後的聚會來教導他們如何面對將來的逼害，祂向門徒提出警告：將來他們也會像耶穌一樣，成為衝突的主角，也會像祂一樣，受到世界的敵視和逼害，而受到敵視的原因乃由於「……他們不認識那差我來的」（21 節）。根據尤達的解釋，這種「不認識」，不單是一種「無知」（ignorance）或「缺乏資訊」（lack of information），而是也包括「不肯承認或認同」（lack of acknowledgement），他們不能認出是誰差遣耶穌來的。故此，耶穌所指的應該包括那不認識獨一上帝的羅馬帝國及其官員，也包括那些認識獨一上帝，但卻不肯承認耶穌是上帝的兒子的猶太人。不過，耶穌在此並沒有清楚指出「他們」是誰。究竟他們是誰呢？不過，從 18 至 19 節中，我們卻可以得知端倪：「世人若恨你們……所以世界就恨你們。」耶穌沒有說是猶太人或是羅馬人不認識祂，而是「世界」不識認祂，是世界恨祂。那麼，究竟世界是甚麼？[21]

建基於伯克霍夫（Hendrik Berkhof）對保羅書信的研究，[22] 尤達指出耶穌所講的世界並不是關於地球、大自然和全人類。「世界」這個字的希臘文是 *cosmos*，最佳的翻譯可能是「系統」（the system）。就以體育為例，我們經常會用一個名詞「體育世界」，它包括：各類運動的運動員、隊伍、比賽的方法和規則、地區組織、聯繫網絡、理論基礎、意識形態等，當然還有球迷……；簡言之，包括軟件和硬件。故此，耶穌所講的世界是指這個宇宙及其背後的力量，就是這股力量驅使人類犯罪和背叛上帝。這就是保羅在以弗所書六章 12 節所說：「因我們並不是與屬血氣的爭戰，乃是與那些執政的、掌權的、管轄這幽暗世界的，以及天空屬靈氣的惡魔爭戰。」換言之，我們是跟整個邪惡勢力和系統爭戰，包括人類各種組織和系統。人類只是整個背叛上帝的邪惡系統的一分子。[23] 這個世界（系統）就是殺害耶穌的元兇，它們包括：當時羅馬政府和殖民地官僚系統；猶太人管治階層，如文士、法利賽人等；猶太民族主義者，希望透過革命而推翻羅馬人的統治，出賣耶穌的猶大就是奮鋭黨員；一般不明所以的民眾，當中也有耶穌的門徒和跟隨者，例如猶大；此外，不可缺少的是當時社會的意識形態和價值觀，如：猶太復國主義、羅馬帝國的擴張主義和殖民主義。這一切都是的整個系統的一分子和傀儡。它們全部都有分參與敵擋耶穌和殺害耶穌。

究竟，我們基督徒與世界的關係是怎樣的？

在剛才所提及的約翰福音十五章18至19節中，耶穌已清楚的指出：「……恨你們以先，已經恨我了……只因你們不屬世界……所以世界就恨你們。」因為我們屬於耶穌，故此必不為世界所容。今天，這個世界是由甚麼組成的？它包括：世界上不同的社會、政治、經濟、文化組織和系統，它們代表不同的政治、經濟、文化的理論和學說、意識形態和價值觀等等。例如，今天香港的基督徒要對一些公共事務表達意見，如：賭博、吸煙、環保、色情、同性戀、歧視新移民及少數族裔等問題，這個世界及其系統有何回應？甘浩望神父和陳日君樞機主教，因為參與爭取居港權一事，就被很多人痛罵為「搞風搞雨的耶穌佬」；反賭波合法化和《中大學生報》等事件則被標籤為泛道德主義……。可見教會與世界是經常處於一種敵對的狀態，這是因為世界對耶穌及其福音的抗拒。

「教會如何能夠與世界溝通？」[24] 換言之，就是教會所講的東西，世界聽得懂嗎？這個問題實在困擾歷代信徒。它所衍生的問題如下：信仰羣體有何東西對世界宣講？若世界聽不懂，教會應怎麼辦？教會是否應該把所講的內容轉變一點以遷就世界？不過，尤達從來不為這問題所困擾，他以「作為範式的福音秩序」（gospel order as paradigm）的概念去應對。[25] 簡言之，基督信仰的公共性在於其適切性——基督信仰並非只與基督徒有關，而是對全人類都具有同樣的適切性。[26] 故此，尤達認同巴特的論述：信仰羣體所展示的典範式秩序，為整個社會提供一個公共性的建議和出路。[27]

四　另類社羣——作主門徒的踐行

建基於巴特的神學基礎，尤達嘗試建構一個另類的基督教倫理，期望能填補教會與政治的缺口。[28] 尤達稱教會為「肢體政治」（body politics），這是從保羅借用的詞彙，意謂基督的肢體（body of Christ）所引申的政治性意義。

尤達視教會為一個社會（society），但卻是另類的（alternative），並與世界的不同。教會的肢體成員以手足之情來交往和維繫，並在其社交關係中彰顯愛的真諦。由於教會乃是建基於悔改和信心，故這份愛不能直接被轉移到非信徒的社會中。[29] 所以卡特（Craig A. Carter）解釋尤達所論述的教會為一個新的社會（new society）[30]：不單其肢體成員的關係是與眾不同的，教會更擔任模範社會（exemplary society）的角色，展示未來國度的出現。[31]

上帝透過對教會的呼召，把天國的秩序（divine order）

在地上建立起來，藉此預示（prefigure）祂對人類社會的心意和期望。所以，尤達從新約早期教會的經驗和踐行，直接歸納出五項作門徒的內涵，也是他所倡議的五項典範的公民（權利與義務）要點（sample civil imperatives）：[32]

一、受浸加入一個身體所蘊含的平等主義（egalitarianism as implied by baptism into one body）；

二、寬恕（forgiveness）；

三、主餐所蘊含的社會主義（socialism as implied in the Eucharist）；

四、開放的會議（the open meeting）；

五、恩賜的普遍性（the universality of giftedness）。[33]

雖然早期教會的踐行不止這五項，但尤達相信該等踐行所引申出來的範例足以明確地表達出一個模式。[34] 此外，每一項目皆展示早期教會信徒，在上帝的命令下活出其社會性的踐行，而同時為身處的社會提供一個生活的典範。[35] 換言之，每一項的踐行都涉及信徒羣體的內部活動，並教會連接世界（interfaces with the world）的方式。[36]

現簡述尤達所提出五項作門徒的踐行範例、內容及其社會性的影響如下：

首先，「受浸加入一個身體所蘊含的平等主義」是建基於一個福音真理的教導：浸禮宣告一個新秩序（a new order）的誕生，猶太人與外邦人、男與女、奴隸與自由人，他們能夠彼此接納，和諧共處。尤達稱之為「源自早期教會的平等主義」。耶穌基督的十字架瓦解了羣體間和文化間的圍牆障壁，並達至「超越種族的包容主義」(trans-ethnic inclusivism)。在這十字架下，人們在社羣中的平等尊嚴得到確立。[37] 換言之，這是以浸禮活現出來的地位平等(status equality)；雖然彼此的社會階級差異依然相對地存在，但已可排除因歧視而帶來的影響。[38]

其次，「寬恕」是建基於耶穌對其門徒的教導：寬恕別人像上帝寬恕他們一樣。這是個人與他人的關係，並非祭司的專利。該踐行乃由福音書中「基督的靈」所授權的：哪個羣體寬恕人，上帝就寬恕該羣體。[39] 換言之，這是寬恕與道德識別力(moral discernment)的交織：寬恕是在被冒犯的情況中運作，寬恕的意向引領著被冒犯者，從而反映和實現上帝的寬恕。[40]

第三，「主餐所蘊含的社會主義」是源自猶太人傳統的踐行。主餐(Eucharist)的希臘文意思為「謝恩」(giving thanks)，是在飯桌前的感恩禱告。對猶太人而言，每次用膳皆為敬拜上帝的行動。[41] 早期教會的肢體，一起敬虔地用膳，這是實現了上帝的應許：「在你們中間沒有窮人」(申十五 4)。故此，主餐成為了邀請局外人和弱勢社羣一起分享所需的典範。[42] 簡言之，這是生活費用的分擔；[43] 亦被視為「經濟倫理的行動」。[44] 故此，這也是款待的踐行。事實上，耶穌在路加福音第四章宣告的禧年的福音，乃應驗以賽亞書第六十一章的應許。新時代來臨的記號，是免除債項、財富重新分配、因欠債而被囚的得釋放。基本上，這是社會經濟的重整。[45]

第四，「開放的會議」是指早期教會的肢體，只要根據程序，皆可以在會議和敬拜中，自由地發言和表達信念。此乃民主的基礎。不過，這並非意味大多數人贊同的事情便是正確的，而是容許所有人皆有發言權，這樣才會作出較佳的決定。[46] 換言之，會議的原則是必須讓每個人皆有發言權利，透過公開的對話與共識而制定決策。[47] 在聖靈的引導下，每個人的意見皆寶貴，各人學習聆聽別人。

第五，「恩賜的普遍性」的基礎在於聖靈，祂不單給予每個人發言權，同樣也賜予每個人有其角色或服事的能力。正如保羅用於身體的類比：每個角色都是不可缺少的，也沒一個部位的價值比不上其他的。這個踐行不單削弱了層級制度（hierarchy），也鼓勵信徒要為較不體面的肢體加上體面。[48] 換言之，這是恩賜的普遍性，每個肢體皆有其恩賜和擔當的角色。此外，這種踐行也摧毀父權主義（patriarchalism），但並非為了鼓吹混亂（anarchy），而是為了促進平等。[49]

我們可以用現今社會科學的概念來形容這五項作門徒踐行的意義：一、「受浸加入一個身體所蘊含的平等主義」乃倡導社會平等，打破社會中各種藩籬，例如：種族、階級、性別。二、「寬恕」乃倡導個人與羣體的復和，將被撕裂的社會關係重建，彌合創傷。三、「主餐所蘊含的社會主義」乃經濟倫理的行動，照顧社會中的弱勢社羣和款待他人，重新分配社會的財富和重整社會的經濟，從而締造社會公義與公平。四、「開放的會議」乃民主的基石，每個人皆有言論和表達意見的自由與權利，並參與決策的制定；換言之，人人平等。遵守秩序、學習聆聽和尊重他人的意見，是民主素質的培育。五、「恩賜的普遍性」乃尊重個人的能力和存在價值，倡導彼此尊重和接納別人的長處、特點與價值。[50]

簡言之，五項作門徒的踐行是消除歧視與平等機會、寬恕與復和、行公義好憐憫、學習聆聽與廣納意見、尊重他人能力和肯定別人的價值。這不單是教會的特質，也是民主、法治、自由社會的基石。由此可見，雖然教會是一個另類社羣，但她能影響身處的大社會，把天國的秩序在地上建立起來。透過對教會的呼召，上帝藉此來預示祂對人類社羣的心意和期望。換言之，上帝要求基督徒羣體活出一套生命的樣式，從而成為社會生活的典範。

總括而言，教會透過作主門徒的踐行而成為一個另類社羣，她是一個言行一致的模範社羣，有能力治療教會因上述的君士坦丁式白內障及信仰與生活分隔或信仰私有化所產生的問題，從而在世界彰顯道成肉身的救恩。所以，作主門徒本身是顛覆性的（subversive），乃透過訓練讓門徒明白信仰，並且活出信仰。由於耶穌基督的教導必然顛覆世俗的文化與價值觀，倘若教會成為另類社羣，肢體能夠在生活中的每一個範疇都確實地作主門徒，活出基督的教導與樣式，其存在就是對世俗文化的抗衡，自然會對身邊的人與事帶來正面的影響。每當一些事情可以對社會的人與事產生影響，這些事情就會產生政治性的影響；當教會活出作主門徒的樣式，她必然對身處的社會帶來衝擊，挑戰主流的價值觀，產生政治性的影響，此乃作主門徒的政治（the politics of discipleship）。

五　反思香港教會的現況

今天在香港的教會，我們的生命是否彰顯出該等信仰踐行？我們是否一個抗衡世俗文化與價值觀的模範社羣？

本質上，當年港英殖民地的宗主國英國的國家教會乃君士坦丁主義或基督王國的產物，所以港英殖民地時期的香港教會也是在君士坦丁主義或基督王國的土壤和蔭庇下長大；尤達稱西方的殖民地教會為「新—新—君士坦丁主義」（neo-neo-Constantinianism）。[51] 因此，自港英殖民地時期迄今的香港教會，自然養成一些「新—新—君士坦丁主義」的心態與特質，例如：中產化、建制的一部分、聖俗二分等等。其實郭乃弘牧師早在上世紀八、九十年代已聲嘶力竭地向教會提出評言，指出教會習慣使用政府資源來推廣福音，而養成一種依賴心態（dependent mentality），最佳的例子就是教會辦學及社會福利事業。[52] 是否「沒有金、沒有銀」，就沒有能力傳福音？若有朝一日，政府「闗水喉」，並嚴格執行政教分離，[53] 教會怎麼辦？

香港的教會如何走出源自「新—新—君士坦丁主義」的窘境？以下是以教會作為另類社羣來檢視香港教會的七個窘境。

窘境一：

眼見數十萬於貧窮線下掙扎的基層市民，「食物銀行」已巧婦難為無米炊，為何財政充裕的眾中產教會和全港性的基督教聯會組織仍無動於衷，坐擁巨款而袖手旁觀？何不以全港教會名義開倉派糧、送飯，實踐早期教會恪守主餐的意義，甚至可以主動支援「食物銀行」？這是否比每年花費數十萬甚至數百萬來舉辦全港性佈道會更貼近耶穌的心意？香港的社會是否更可從教會的踐行而聽聞、看見、親身經歷天國已降臨？

窘境二：

在二〇〇八年的金融海嘯期間，傳聞某大教會曾埋怨儲備太多卻苦無投資機會，故出現「水浸」的情況。事實上，在過去的數十年，香港的經濟持續發展，中產階級已形成，有評論謂中產階級已佔人口的一半，約三百五十萬，[54] 而香港教會的「中產化」已是不爭的事實。[55] 所以過去的十數年間，在香港教會及肢體中間興起了投資的熱潮及學問，不論是堂會或是個人都要懂得投資保值，教會圈子舉辦不少有關的講座，而且反應不俗；其中典型的問題是：「教會或基督徒個人如何投資保值？」就筆者而言，這是一個錯誤的問題，反映發問者扭曲的財富觀。

究竟基督徒是錢財的主人，還是管家（steward）而已？可能自啟蒙運動以後，個人主義、自由主義及資本主義興起，私有財產權（the right to private property）成為神聖不可侵犯的概念和原則，[56] 就算基督徒也認為所擁有的財富乃是屬於自己的，此乃天賦的權利，不容別人侵犯，包括上帝也不能侵犯之。[57] 因此，基督徒及教會遂竭力保障所擁有的，並設法投資保值，以為這才是忠心管家的本色。

可是根據聖經的教導，我們擁有的一切皆上帝的恩典，包括個人的生命、才幹、家庭、財富及整個創造世界，我們是管家而已。對錢財的教訓，在聖經中可謂俯拾即是，其中馬太福音六章19至20節可算是經典之一：「不要為自己積儹財寶在地上，地上有蟲子咬，能銹壞，也有賊挖窟窿來偷。只要積儹財寶在天上，天上沒有蟲子咬，不能鏽壞，也沒有賊挖窟窿來偷。」耶穌早已警告我們，不要用世界的方法為自己積聚財富，明言這並非信仰羣體及信徒處理財富的方式，因為這樣做必定招致損失。過去的金融風暴及金融海嘯乃最佳例子，教會和個人的投資有機會被「一桿清袋」、雷曼兄弟及那些欺哄長者購買基金的銀行不正是挖窟窿的嗎？更重要的是，既然擁有的財富不屬自己，乃屬上帝，所以理應按聖經的教導，慷慨地與有需要的肢體和羣體分享，幫助社會上有需要的人；事實上，慈惠和分享是貫穿整本聖經的主題。倘若教會或個人恆常踐行合乎基督信仰的財富觀，毫不吝嗇地幫助有需要的肢體與羣體，除了合理的儲備外，根本不應有太多資金需要尋求投資的機會，何來教會「水浸」的煩惱？這才是耶穌教導我們投資的不二之法。況且，把擁有的與他人分享代表我們對上帝的信心，相信祂自會供應，我們不用擔心。

窘境三：

今天，教會醫院令你想起甚麼？為何由教會組織主辦的私家醫院皆以慈善機構為名，但卻似是牟利為實？它們的盈利及儲備少則數千萬，多則數以億計，何不將每年盈餘的一半發展贈醫施藥事工？既然東華三院可以義診，為何教會醫院就不能義診？

也許從醫生專業或行政的角度來看，累積盈餘是為了業務發展和購買昂貴的儀器，否則便會落後於他人；可是從信仰和神學的角度來看，教會醫院的定位比發展更重要。既然是教會醫院，信仰的價值應比業務發展的考慮更重要。究竟教會醫院存在的目的為何？若純粹為了要成為全港最好的私家醫院，而不是服務市民大眾，教會根本不應營運醫院，因為這是不務正業。教會不應忘記，當年耶穌基督並無枕首的地方，祂與社會的邊緣人士及草根階層一起生活，但今天的香港教會醫院卻是認錢不認人，只會服事有錢人和向錢看，好像忘記了社會中被遺忘的一羣。俗語有云：「衙門八字開，有理無錢莫進來」；今天的情況是「教會醫院大門八字開，有病無錢莫進來」！

今天，倘若耶穌在香港生病，恐怕也無錢入住教會醫院，只能望門輕歎！這是見證基督的福音和上帝的大愛嗎？

窘境四：

關於教會辦學的問題，審計處於二〇一〇年曾批評某基督教團體主辦的直資學校有法不依、帳目混亂、挪用給予清貧學生的助學金作其他用途……。[58] 該校的校長、校監、團體的主席、總幹事只懂不斷躲避傳媒的訪問，試問耶穌的名會否因此而得著榮耀，福音因此被傳開？為何為數不少的教會直資學校竟會成為眾矢之的，被質問究竟教會團體是以基督信仰辦學還是以世界的鑽空子方式來營商？究竟金錢還是生命見證才是基督教會辦學的首要條件？究竟教會學校是要積聚財富還是分享所有？究竟教會學校的負責人是否明白何謂言教與身教？

窘境五：

二〇一二年復活節期間，融樂會總幹事王惠芬表示香港的少數族裔的教育問題一直被受政府忽視，導致在港出生的少數族裔學童無法融入主流教育系統。雖然他們的才智不比華人學童遜色，但政府教育官員的短視，令他們備受歧視，得不到合理的培育，這不單是浪費社會人才，更會製造社會問題，例如失業的少數族裔青少年不單易被黑社會吸納，更甚者是當他們感到絕望時，便會產生對社會的不滿與仇視，從而變化成騷亂的計時炸彈；猶如今天的英國與法國，少數族裔青年經常借故鬧事，藉此宣洩其對現狀的不滿。故此，融樂會打算控告政府忽視少數族裔的教育。[59] 香港眾教會何不合力創辦一所沒有聖經科的主流私立中小學校，[60] 專門為少數族裔作育英才，深信縱然沒有聖經科的教導，學生及家長們也可從基督徒教職員的生命奉獻，認識和體驗耶穌的福音！

窘境六：

就最低工資條例而言，倘若教會及教會學校與機構認同最低工資條例合乎聖經與神學立場，我們是否願意就算沒有立法，仍會主動給予職工們合理和有尊嚴的薪酬？或是法定最低工資為二十八元，仍會主動給予三十三元？還是教會只懂站在道德高地上指責吃人的資本主義，而自己也是欺壓弱者的一分子；或只是高喊貧富懸殊，而不會盡一己本分來幫助低收入人士？

窘境七：

若是我們屬於中產的教會，我們能否甘心樂意地接納來自草根的朋友、國內的新移民、正生書院的年青人？我們能否以寬恕與復和作為處理衝突的基本態度？我們如何對待貧乏的肢體：是否為他們禱告後，便叫他們平平安安的走吧？我們怎能對香港日趨嚴重的貧富懸殊和社會不公義視若無睹、聽若罔聞，只顧自身的利益與享樂，無視在貧窮線下掙扎的大眾？我們有否學習聆聽肢體的意見來處理教會日常事務，還是以一言堂為決策模式？否則，我們怎能懂得聆聽和接納社會上不同的政治和經濟觀點？我們是否明白每位肢體皆獨特和寶貴，並學習尊重他人的價值和恩賜，彼此服事與同工？否則，我們怎能以同樣的態度與社會各階層相處，彼此尊重，共建社會？

總結

尤達的《肢體政治》(*Body Politics*)的副題為「在世界注視中基督羣體的五項踐行」(Five Practices of the Christian Community Before the Watching World)。也許,尤達希望告訴讀者:由於世界正在注視著教會的一舉一動,所以基督徒在日常的生活中,要將上帝對世界的心意和秩序彰顯出來。

倘若香港的社會正注視著香港的教會,他們可否見到一個另類的生活典範?倘若香港的教會能貫徹這五項早期教會的踐行,活出作主門徒的樣式,肯定會為香港社會帶來震撼,挑戰社會既有的價值觀,甚至可以影響社會,改善民生,這豈不是政治性行動嗎?換言之,此乃作主門徒的政治。

來自尤達的挑戰

——以《直奔標竿》為例作批判性反思

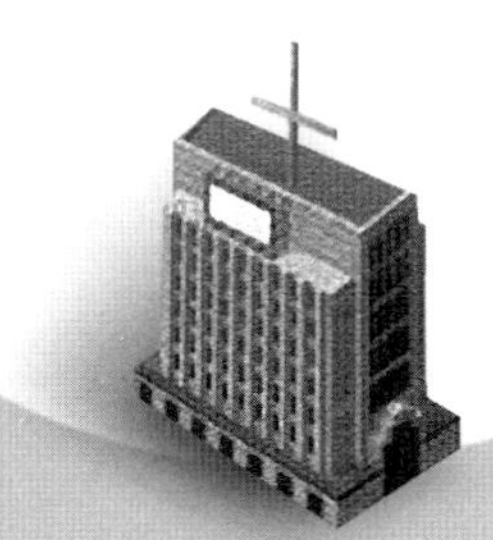

作者簡介：

黃順成，建道神學院基督教研究碩士、香港浸信會神學院道學碩士。牧養社區堂會多年。

一　引言

「假若教會要去服事社會，這職責的第一步是要成為她自己，即教會。」[1] 那是說「教會應該成為人性的榜樣」，[2] 或者更明確的論述是「讓教會成為教會」（let the church be the church）。[3] 上述內容是門諾會神學家尤達（John Howard Yoder）向教會發出的先知性聲音。對今天的教會來說，這是令人耳朵發沉的言論？還是挑戰教會從自身的罪惡中回轉過來？

教會在世上的種種踐行（practices），體現出我們相信甚麼、期望成為甚麼，並以甚麼東西來見證耶穌基督。這是一個迫切的問題，因為教會若不幸地被世界的文化佔有，那麼世人將看不見教會真貌。侯活士（Stanley Hauerwas）一語道出箇中關鍵：

> 教會不能迴避彼此建立和糾正的重要性。我們找出別人，因我們是從別人身上知道，自己把耶穌的故事變成自己的故事時，到底做得有多好或多壞。因為其他人最終是透過那些組成教會的人的品格來認識教會，故若我們缺乏那種品格，世界就會斷定我們所敬拜的上帝其實只是假神。[4]

假使我們天真地以為言語能證明上帝是真實的，結果往往是徒勞無功的。因為其他人乃是從我們身上的品格及行為，見到我們所宣認的主孰真孰假。教會裏充斥著種種踐行，而這些踐行是由那些被分別為聖的人所組成的。[5] 本文以尤達的《肢體政治：在世界注視中基督羣體的五項踐行》(*Body Politics: Five Practices of the Christian Community Before the Watching World*) 切入討論教會如何建立合乎聖經的踐行，並以《直奔標竿：成為目標導向的教會》(*The Purpose-Driven Church*) 一書為例，進一步討論及應用尤達的思想。[6] 本文的首部分將探討《肢體政治》所建構的新社羣—教會，如何藉五種踐行而在世人面前見證耶穌基督。接著，筆者將在另一部分簡評《直奔標竿》的運作理念。

二　在世人面前的一台戲

1. 教會作為一個新的社羣

基於篇幅所限，筆者在本部分會主要分析《肢體政治》，並藉卡特(Craig A. Carter)及韋弗(Alain E. Weaver)的詮釋，簡略地勾勒出尤達的教會觀。卡特在其哲學博士論文中曾指出，尤達在《肢體政治》所提出的觀念早於一九八○年在普林斯頓及富勒的講座中便開始孕育，並見於一九九一年發表的〈作為社會進程的聖禮〉("Sacrament as Social Process: Christ the Transformer of Culture")一文中。[7] 尤達在該文指出，這五種教會踐行是為了讓其他人見到世界最終的結果，並提供一個讓社會羣體仿效的模型，而這些踐行是以不同詞彙、議題及程序展現在新約聖經裏的。[8] 韋弗對此所作的詮釋，是認為教會本身就是一個社會(society)，她是現存社會內的一個小眾社羣，她們體現出一種新生活模式。[9] 換言之，教會的踐行是在公眾眼光底下活動的，其目的是服事社會並讓社會效法自己。

在《肢體政治》中，尤達進一步解釋，為甚麼會使用「身體/肢體」(body)來比喻及討論「政治」(politics)。他認為自古以來，「身體/肢體」都是人類對社羣的想像，使用它是為了突出成員間需彼此服事，這過程卻不是混亂無序的，而是按上帝給予的計劃而靈活地成長。[10] 尤達指出，當不同傳統及羣體述及「政治」時，常常帶有錯誤的觀念。在他們眼中，「政治」是指政府及政客所作的事，教會羣體應避免介入。[11] 反對此立場者認為教會是有責任支持及推動「公義」、「自由」及「民主」等信念，[12] 故此，教會不應拒絕參與「政治」。[13] 尤達並不認同上述人士的立場，在他看來，教會既是存在於現存社會內的小社羣，我們當然不能忽略「教會」與「政治」的關係；而這卻常被人誤解，以為「教會」與「政治」是處於非此即彼的關係中。彼此分離的概念，乃是預設有兩個領域（realms），教會的領域就是我們所謂的「崇拜」，因此崇拜被認為是屬於神聖領域裏的特殊行動，與「政治」及「日常生活」（ordinary life）分隔。[14]由於我們誤解了「政治」的含意，因此引起上述問題，於是尤達便重新界定「政治」：「成為政治就是作出決定、分配角色、分發權力，而且作為一個身體／肢體事務，基督教社羣定意實行這些功能。」[15]教會政治不是討論出賣、金錢交易及骯髒手段等東西，而是處理平凡人在日常生活下的教會生活。這便涉及「教會作為一個身體／肢體」（church as body）的觀念，意謂基督徒羣體就如其他羣體一樣，成員彼此委身於共同的重要價值，因此，尤達斷言基督徒羣體就是一個政治實體（a political reality），她有著城邦（*polis*）的功能。教會就是一個城邦，而其獨特身分塑造了這社羣身體／肢體；她有其決策的方式、界定成員的方法及開展共同事務等。[16]韋弗正確地詮釋尤達以上的觀念，他指出教會生活是讓世人看見的政治見證，因為教會是真正的政治羣體，她對比國家而言，乃是一個更真實、更正確有序的社羣，因此我們要揚棄教會是非政治的觀念。反之，基督徒是要在集體生活中體現忠心的政治見證。[17]韋弗更指出，教會政治見證的最根本途徑，是要圍繞重要的踐行而體現出一種特定的生活方式，並且可以作為更廣泛的社會模型。[18]尤達指出，就是藉這些踐行而讓世人了解教會的真貌，這不是藉語義學或哲學所能達到的。[19]

除此之外，尤達強調上帝對社會有其終極的目標，這是要由那被呼召成為基督身體/肢體的教會所預示出來。教會及世界不是兩個非此即彼、互相矛盾的羣體，相反，兩者在同一主權中有不同層面的關係。那被上帝呼召出來的信仰羣體，其使命是要體現出，那在上帝的計劃裏，世界最終的面貌。[20] 卡特的論文指出，尤達相信教會是承載歷史的意義，今天藉上帝恩典加力而實現的信仰踐行，有一天同樣是要體現在其他受造物當中。[21] 按卡特的分析，「肢體政治」不僅是肢體成員間彼此間的關係，更是教會作為模範社羣的角色，成為來臨國度當下的臨在（presence）。[22] 他在詮釋尤達的教會觀時，指出尤達將信徒羣體描繪為一個新的社羣（new society），這社羣是要顯示上帝對世界的終末目標及重演耶穌的故事；教會成為將臨新世界的模範，而信徒生活則讓人預嘗到上帝的國度。基督徒羣體活在終末的張力下，既分擔了舊世界的罪，同時亦分享了新時代的救恩，並在世上展現出建基於恩典的踐行。[23] 這具終末性質的踐行，同時是流亡（exile）中的肢體政治。韋弗在詮釋尤達的《肢體政治》時便說，「教會政治是在流亡中的肢體政治。我們是為這城市求平安，可是這是偶然及有條件的。教會可以給她在那流亡的城市最大的服事，就是保持其踐行的完整性，而這些踐行有時會在這城市中帶來衝突。」[24] 這一方面道出教會與當下社羣的關係，同時亦阻擋教會受到君士坦丁主義的誘惑。[25] 在世界中體現一個新的、非暴力的生活方式，就是教會的政治見證，而教會的任務就是活出作為天國初熟果子的生活。韋弗認為，這個教會論的特質，乃是詮釋尤達對教會政治見證的關鍵之處。[26] 尤達指出，教會生活具政治性，其目的是要讓世界知道自己的最終命途（destiny），這是世界未曾知道及相信的事；[27] 這就如卡特所言，基督徒羣體是世界裏盼望的記號，[28] 教會成為步向將臨新世界的道路。

此外，這新羣體的踐行是公開的行動，能讓其他社羣學習。尤達明言，雖然這些踐行的信仰組成元素乃始於第一世紀的彌賽亞猶太會堂，可是他們卻是對公眾開放的，因此人們可以向信仰羣體學習這些踐行。[29] 每一種踐行都來自已經存在的文化模式。餐桌團契（table fellowship）、浸禮（baptism）及公開會議（the open meeting）並不是新的念頭，然而，福音賦予它們新的含義和新的權能（a new empowerment）。[30] 同時，這些踐行是被我們所認信的主——拿撒勒人耶穌——所實行及闡明的。在此，這是一個迴環（loop back）到新約的過程，也有別於那些普遍真理及理性。[31] 在這些踐行中，以弗所書四章中所描繪的多樣性恩賜/禮物（gifts），是借喻勝利者慷慨發配的戰利品。這是升天的主基督湧流出的禮物。捆綁及釋放（binding and loosing）使我們參與上帝在基督裏的復和工作。藉著以浸禮為記號的「新的創造」（new creation），使平等主義得以開啟起來。尤達指稱，這些踐行是根植於救贖秩序，使旁觀者更能面對罪的實況及深盼復和的到來。[32]

初步了解尤達的教會觀後，筆者將在下一部分討論《肢體政治》的五種踐行：「捆綁及釋放」、「擘餅」(sharing bread)、「浸禮」、「基督的完滿」(the fullness of Christ)及「保羅規條」(the Rule of Paul)等，藉以讓我們進一步了解教會如何向世人見證那終末國度。

2. 教會作為信徒羣體的見證

尤達指出，上述五種踐行是教會被召成為一個城邦的具體內容。[33] 誠如上文所述，這些早期基督徒的踐行，能為其他社會羣體提供一個學習範式(paradigm)。[34] 這五種踐行到底具有甚麼道德含義？尤達認為它們是完全人性化的，而且在經驗上易於實踐，並不深奧。他指出，這五種踐行構成教會的社羣性特質。[35] 更重要的是，這五種踐行不是我們常說的「宗教」或「禮儀」活動，相反，他們具有一般人(lay)及公共(public)的本質。[36] 韋弗理解到，這些踐行一方面具體地指導著肢體生活，[37] 同時也可以作為其他社會團體的操作範式。[38]

2.1 捆綁及釋放：彼此寬恕

尤達藉馬太福音十八章 15 至 18 節開展有關「捆綁及釋放」的討論。他指出，當人及上帝的行動互相吻合，那麼這便是聖禮(sacrament)了；[39] 寬恕正具有這種性質。在「捆綁及釋放」中，「捆綁」是涉及道德辨析(discernment)的問題，「釋放」則是從責任中釋放出來。因此，這行動有兩個維度，即道德辨析及復和（reconciliation）。[40] 對尤達而言，辨析是重要的，因為「訓誡（admonition）的前提是辨析，否則訓誡的標準便不是雙方共識」。[41] 論及復和的問題，尤達強調每個人都有復和的能力，即不需要藉某些專業人士或神職人員來完成復和，因為「我們傾向於否定一個人可以奉上帝的名字去原諒另一個人。我們傾向於認為，當任何人聽到福音，便可以藉著內在的心意活動妥善處理彼此的問題，使之寬恕對方。這是有點正確的，因為它拒絕寬恕的權力是由神職人員所壟斷。復和是要求人彼此面對的過程，甚或以為自己能原諒自己。復和是發生在兩方之間的，若只有單獨一方，便不能成事。」[42]

復和不是為了懲罰對方，更不是個人主義的產物——即以為復和是自我接納的替代品。[43] 這是一個塑造社羣的行動，因為「這踐行主要不是為了個人，而是澄清和修改羣體的標準」。[44] 故此，定意進行復和對話是一項重要行動，羣體發現他們過往處理問題的守則及經驗，已經不足以解決現在發生的事件，因此他們需要作出修改。藉著對話和寬恕以解決彼此的分歧。透過經驗彼此寬恕，能使一個羣體建立彼此的信任，以及真誠相待。[45] 尤達同時在文中清楚指出及總結他稱為「基督的法規」（the law of Christ）的操練。[46]

2.2 擘餅：經濟分享

在逾越節的筵席，耶穌說「你們也應當如此行，為的是記念我」（路二十二 19），到底耶穌要我們行甚麼事？藉此來紀念祂呢？尤達指出，過往關於主餐的討論，基本上是環繞中世紀晚期的哲學問題，討論的要點是分辨那些行動或東西是「神聖」的（sacraments），[47] 背後的觀念是有一個屬於「宗教」的特殊領域，而它與世界互相分離，聖禮是特殊的宗教及儀式活動。可是，尤達認為這不是新約的信念，而是因為被當時的異教文化取代而出現的。[48] 對他來説，因為四世紀時，教會與帝國的結合，促使那一起擘餅的經濟意義（the economic meaning）被取代。[49] 故此，日後主餐的討論便不斷環繞著餅與杯的性質，只注視施餐者在特定時間和地點中説出正確言辭，令一些神祕元素發生力量，[50] 卻漸漸失去社羣成員的經濟共同性。

承接上文的討論，尤達認為耶穌在逾越節筵席中的説話，是指向肢體彼此分享食物，這是平凡不過的行動。當然，這行動同時見諸福音書中復活的主與門徒共享食物的敘事中。[51] 在尤達的論述裏，他認為那筵席是他們共同生活的中心，並且延伸形成一個經濟社羣（economic community）。[52] 從文中所見，他無意推測及建立理想的經濟系統，擘餅只是餐桌團契間平常及簡單的行動。[53] 它的意義，便不再只是一個慶典，而是我們常稱的「經濟」（economics）了。尤達指出，在新約中提及此主題時，是指彼此間日復日地與他人共享物質食糧。[54] 當時，麵包是日常糧食，一同共用麵包便是經濟共享（economic sharing）。[55] 這踐行是承接耶穌的故事，並自使徒時代延續下去，也證明彌賽亞時代已經開始了，[56] 因為新時代的成員「是體現出國度的嶄新經濟學。信仰羣體的嶄新是對世界新穎的承諾，最終讓這種踐行超越信仰的圈子」。[57] 世人見到教會成員彼此分享的行動，他們最終便決定離開其他效忠對象而來跟從耶穌，自願進入這個新的「家庭」。[58]

2.3 浸禮：成為新人

尤達認為，保羅書信強調猶太人與外邦人要成為同一羣體的成員，他們要一同吃飯及敬拜，這見證到宣教本有政治向度。他指出保羅在哥林多後書五章 17 節中提及的「新世界」，[59] 是指整個世界或創造都將更新過來，這不僅是個人心靈的更新變化，[60] 更涉及羣體的變化，這是指我們不再依我們的階級、性別、地位等等的範疇分類，打破了原初社羣的組成標準，因為十字架消弭彼此的差別，復活的主呼召人們建立全新的社羣。由此，尤達論及浸禮建立新羣體的功能。浸禮是讓信徒加入而成為一羣新人（a new people），[61] 它慶祝及完成猶太人與外邦人之間彼此的融合。[62] 尤達指出，無論保羅是用「和平」、「新的創造」及「新人」，都是講述我們「在基督裏」，也就是說信徒在公開認信的過程中，藉浸禮而改變了他們的身分，這是一種新的社羣關係。以前是彼此分離的羣體，如猶太人及外邦人、男和女、為奴的及自由的，在此打破差異而聯合成為一個身體。[63] 尤達提醒讀者，這種聯合是異於現今個人主義式的結連，即「羣體乃是由各自分離的個體連結起來，在所屬羣體內仍然保留下他們特定的身分」；[64] 他進一步解釋，在同一羣體內沒有兩羣人或兩種文化，而是「兩個歷史匯流入一個新人、一個新的創造」，[65] 這新社羣裏的成員只歸屬於耶穌基督，就是祂賜給成員全新的身分。尤達一再強調的是，教會的浸禮給予所有人一個新的開始。[66]

可是，尤達認為自基督教成為羅馬帝國國教後，卻對上述情況產生破壞性的影響。因為自五世紀開始，不再有教外人歸信，於是浸禮便變成為慶祝出生的活動，結果是加強圈內(in-group)身分而不是超越之。[67] 他認為我們要回復「聖事」的實在主義（"sacramental" realism），因此擘餅是一個經濟行動，浸禮是建立一個新羣體，這全新的社羣「是藉引導形形色色的人進入同一羣體，成為一羣新人。教會正是那新的社羣，因此，她成為世界走向同一方向的典範。」[68] 教會的踐行向世人見證種族平等及復和是可能的事。[69]

2.4 基督的完滿：各展才能

尤達認為保羅在以弗所書四章，乃是以「基督的完滿」(the fullness of Christ)來描述一種新的肢體關係，就是上帝賜下教會成員，而他們有不同角色；這觀念同見於哥林多前書十二章7節，保羅提及聖靈在各人身上的工作；羅馬書十二章也提及上帝賜予各人不同的恩賜，凡此種種皆指向同一事件，就是聖靈賜予教會不同的恩賜/禮物。尤達指出，這與我們所理解的恩賜觀不同，按我們的標準，恩賜就是指擁有某些卓越才能，這令為數甚少的人得以成為領袖，結果擁有特殊才能的人才能參與決策、領導，並建造教會。[70] 可是，這並非保羅的立場，尤達強調聖靈賜予不同恩賜／禮物給教會肢體，換言之，每一個成員都是重要的；由於聖靈才是賜予者，人只是單純地接受，故沒有可恃驕傲的理由。[71] 不幸的是，從教會歷史的見證中，我們可以看到，權力總是被少數人壟斷。尤達認為我們有相對的等級制度（hierarchy），就是我們都處在教會的頭——耶穌基督——之下，而不是在其他成員之下。[72] 尤達反對權力壟斷，[73] 可是，他論述的重點卻不止於此，他是要突出信徒彼此問責和相互依存，因為「在一個墮落的世界中，上帝的恩典已經分給每個人，我們是活在彼此依賴、互補之中」。[74] 肢體成員都是上帝賜給教會的禮物，在聖靈賦權加力下，每個成員都有不同的特性，就在彼此的差異中，我們都成為對方的禮物。

2.5 保羅的規條：言論自由

從尤達看來，聖靈賦予最獨特的禮物，是人人皆可說先知預言，當然，同時亦要求發言有序及所說的能翻譯出來，[75] 這其實是表示，不論成員的地位，他們都可以公開表達各自的看法，而其他人有責任聆聽他們的發言，這標示著強調會議的自發性及公開性。可是，尤達認為在帝國統治下，召開更多、更大及更經常的大公會議後，便相對減少了會議的自發性及開放性。[76] 正規會議令事務井然有序，一切在規範下完成；尤達認為，隨著時間過去，到中世紀時，人們愈來愈不滿腐敗的教會當權者，他們回憶起早年的耶路撒冷會議及基督教王國（the Christendom）下的大公會議，於是人們建議召開新的會議，他們期望能召集所有基督教王國的代表開會，然後上帝將會再次發言，教會便能更新過來。尤達通過審視其後更正教的歷史，指出其中的結果是令人失望的。[77] 不過在此過程中，改教者提出「保羅的規條」，就是容讓每人都有言論自由，卻成為一個重要的教會踐行。[78]

3. 小結

「捆綁及釋放」的目的是在衝突處境裏，通過對話以尋求復和；「擘餅」是要求信徒彼此分享金錢、時間及資源；「浸禮」是慶祝信徒加入新的羣體，建立全新「家庭」；「基督的完滿」是指信徒作為對方的禮物而彼此依賴；「保羅的規條」是強調言論自由的重要。凡此種種皆是在公眾注視下的踐行。

在簡述尤達提出的五項踐行後，筆者將以《直奔標竿》為例來討論，以便更深入了解尤達的批評性思想。

三　簡評《直奔標竿》的運作理念

華理克（Rick Warren）謹慎地撰寫《直奔標竿》一書，並在書中指出教會領袖的責任，就是去發掘及實現教會的目標，他強調尋找的過程是要去回答四個問題；[79] 換言之，華理克是期望從教會本質及任務定位，從而確認所有教會應具有的目標，為的是證明他確立的五個目標 [80] 及生命建造程序 [81] 是合乎基督教信仰，故此《直奔標竿》是建基於某類型教會論底下的作品。[82] 此外，華理克常常使用基督教信仰詞彙，諸如：忠心、結果子、建立門徒及配合聖靈的工作等，以闡述目標導向教會的運作原則，並且著意澄清立場，例如強調目標導向教會是要教會健康，不是教會增長；[83] 福音信息永遠不能改變，方法卻可因應時代而變；[84] 他甚至明言「很少這些教會以外的人真的知道裏面的情形。於是，許多不正確的假設便開始流傳」，[85] 對華理克來說，建立教會的基本要件，是建基於耶穌基督的身分及聖經的原則。

驟眼看來，《直奔標竿》中所涵蘊的教會論似乎合乎聖經見證，可是威爾遜（Jonathan R. Wilson）卻說：「華理克的教會論是工具性的（instrumental）。」[86] 那甚麼是工具性的教會論？威爾遜說：「教會的生活沒有隱含或明確地植根於三一上帝的工作。在這裏，教會很容易和無可避免地成了一種工具，那是上帝給予的使命以外的東西的工具。」[87] 工具性的教會似乎是在實踐那來自三一上帝的召命，可是它沒有在改變的環境中緊捉本身的使命，最終它是為了其他目的而存在。那樣看來，儘管教會似乎是被「目標」領著走，可是沒有體現因應三一上帝而自我模塑的踐行內容，結果一切都是按果效決定，[88] 無怪華理克說：「不要批評上帝所賜福的，縱使其形態令你感到不舒服。」[89] 誠如尤達指出「基督教的使命被裁定為沒有特別的信息或服事。我們的使命不需要有任何特別的信仰內容。」[90] 同樣的評論恰好見於《直奔標竿》。下文將藉尤達提及的五種教會踐行，去簡評華理克的《直奔標竿》。

1. 捆綁及釋放

為了讓馬鞍峯教會（Saddleback Church）的會友實現教會的目標，華理克在書中多次指出「程序」的重要性，「健全的教會是建立在程式上，而非建立在個性上」。[91] 換言之，一個清楚明確，並有效傳遞給全教會參與者的流程，將影響達成目標的效果，[92] 於是他便指出要有目標地運用種種策略，不斷向教會領袖及參與者傳遞教會的異象，「雖然我們的同工對於馬鞍峯教會的異象、策略、結構都已經很清楚，我還是要求每個人都要參加這個研習會」。[93] 定期重新灌注目標導向的精神，才能確保領袖們緊貼華理克所訂立的目標異象。同樣，他要求加入馬鞍峯教會的人「簽署會員誓約，其中包括委身支援馬鞍峯教會的目標」，[94] 因為這樣才能免除衝突矛盾。

在此意義底下，基督徒社羣便沒有必要去進行辨析，因為若按馬鞍峯教會的運作原則，那就只需跟從教會章則及設計的程序，便能按步驟成為門徒，可是尤達卻認為辨析並不是一成不變的過程。[95] 對他來説，耶穌基督應許聖靈會引導教會，並帶領此羣體在她們迄今未曾曉得的時間、地點及問題上指引她們。[96] 相反，雖然華理克強調聖靈的工作，認為牧者要「辨識上帝送上來的浪潮，並學習抓住它」。[97] 可是，這辨識過程卻是處於教會增長的語境下來考慮，程序才是決定成效的關鍵。尤達卻指出不僅是程序引導，而是在不同的場景中，在上帝的加力下，聖靈帶來實質的指導，因為我們已被告之要説真話、守諾言，並照顧有需要者，故此，踐行者需要信任聖靈的引領，並在不同處境中「集合人的智慧、對問題不同的體會以及彼此協商的過程滿載愛，而其中一切都是在上帝同在的引導及加力下進行的。」[98] 這樣説來，信徒本應學習真誠相待、彼此瞭解，讓冒犯人的信徒在特殊的處境裏，負上或釋放他們的責任，而在此基礎下，上帝建立一個真誠的羣體，向世人展現耶穌基督那復和的生命。可是，馬鞍峯教會是否重視復和性對話呢？既然教會內再沒有需要辨析的共識，而共識乃是按華理克訂下的目標運作，會眾只需回應「異象」及作出策略配套，以完成既定目標，那真誠對話是否存在教會內？尤達曾説最破壞「基督的法規」的是損害羣體的自願性，[99] 那馬鞍峯教會是否容納會友提出其他目標呢？對他們來説，信徒的責任是否只是實行教會所制定的目標？

2. 擘餅

《直奔標竿》的重點之一，是要教會積極地向未信者傳講福音，而為了向未信者打開福音大門，華理克認為我們先要明白信徒「與未信者的共同點不是聖經，而是我們相同的需要、傷害以及人類共同的興趣」。[100] 這樣做是為了先抓住他們的興趣，解除未信者的抗拒，最終把他們的注意力轉移到上帝的話語上面。故此，馬鞍峯教會鋭意留意社區人士的需要，更特別強調「人們在面對改變時，例如：新婚、新生兒、搬新家、新工作或新學校時，對福音的接受度較高」。[101] 分辨那些是最易接觸的人，進而滿足他們的需要，最終讓他們成為委身的信徒，[102] 因此華理克斷言「增長的教會專注在帶領可能接受的人身上，不增長的教會專注在贏回冷淡不來的人身上」。[103] 這樣說來，為福音大發熱心的教會，是不應花費精力在那些不活躍、停止來聚會的人，從他的觀點看，最重要的是辨別及接觸那些對福音接受度最高的羣體，然後評定有效的福音策略。

可是，按尤達理解，教會本應是一真誠羣體，成員彼此分享基本生活需要，但華理克卻似乎認為彼此支持、分享資源，只是為了成為吸引未信者的工具，一切都是在策略考慮下設計出來的，會眾經過深思熟慮地計算對方回報（歸信）的可能，才作出行動。想來《直奔標竿》會支持信徒與未信者分享日常物資，但背後的精神，會否只關注對方能為教會帶來增長？在此精神下，連休閒活動的時間及興趣，都可以是一次精算的外展行動，彼此不再成為一個經濟共同體。華理克亦曾指出，讓對方明確委身後得到甚麼利益是合乎聖經教導，而「人們的確有一種內在的慾望，想要去學習、成長、改進；但是，有時候你必須以他們的價值觀與利益來講述學習的目標和成長的目的，以喚醒那個慾望」。[104] 這無疑是把雙方置於交易關係上。

尤達一再強調教會預示國度來臨，信徒加入此筵席後所展現的生活，能吸引人自願加入，這是因為教會在世人面前，體現出與世界相異的嶄新及美好。相反，《直奔標竿》

所建構的教會能吸引未信者歸信，是因為她著意運用未信者熟悉的言語及價值來吸引他們，讓他們知道教會能為他們提供適切的東西。換言之，教會是說：「來吧，我這裏有你需要的一切。來吧，加入我們，你的生命將會更美好。」這種了解會眾口味，試圖迎合的會眾，正是市場導向的一種做法，結果是把雙方置於一種「交易」關係之中，最終以為人們有本錢與耶穌討價還價。雖然，行動的出發點是關注他人得救的熱心，我們卻相信尤達會批評這只讓世人分不清教會肢體的本質。

3. 浸禮

華理克一再提醒讀者，要有目標及策略地選擇傳福音的對象，他認為「找出住在附近的人是哪一類型的人，決定教會的裝備最能接觸哪一種羣體的人，然後找出一個最合適那一種羣體的福音策略」。[105] 對他來說，會友最能接觸及有效地吸引的人，就是那些與教會目前的文化相容的人，而這是合乎聖經的，因為「耶穌鎖定事工目標，為的是能夠有效果，而不是排斥人」。[106] 因此，馬鞍峯教會便專注於白領階級年輕夫婦，所以教會的節目、聚會及接觸方法，都要從這個羣體的角度出發，最終的結果是，這個目標對象決定了教會的接觸方式。華理克毫不諱言地說：「你必須在形態上作小小的讓步。」[107] 若按這優先原則運作，這個小小的讓步，可能促使教會放棄接觸老人、染有毒癮的小孩父母、監犯或年輕人等，因為能有效地吸引目標羣體才是最終的評估準則。

可是，尤達卻批評這種踐行，因為這完全違反浸禮的意義。浸禮本來顛覆社會階層裏牢不可破的身分，並慶祝受浸者加入新的「家庭」，成員彼此共融於耶穌基督的敍事中，故此，浸禮是見證教會肢體的身分及生命之改變，這無疑挑戰到《直奔標竿》的佈道策略。華理克認為訂立有效的傳福音策略，是要藉社會科學的成果，在社區裏先去尋找最能接觸、具有高動機及可融合的對象羣，再設定策略步調，最終期望得到豐碩的成果。可是，這種模式是假設身分性質的固定性（the fixity of character），及類似機械性的因果關係，但福音及浸禮卻是慶祝肢體放棄過往的身分而歸信基督，這意謂過去的經歷、地位及故事將不再成為今天的焦點。[108] 相反，《直奔標竿》的傳福音策略是以成果效益作考慮，他們期望投入合理資源，得到最大收益，因而便會放棄那些低回報，或與現存羣體格格不入的對象。對華理克來說，要歸信者改變他們的身分、地位，只會令他們拒絕加入教會，因此歸信者需要的是一個熟悉的文化氛圍，[109] 待教會強大後，再慢慢接觸其他階層人士，考慮接受他們成為肢體成員。[110]

這種踐行將見證教會遺失了浸禮的宣教使命，因此讓世人誤以為平等是啟蒙運動中人本主義的產物，[111] 最終教會未能體現復活的主所交付的使命，向世人展現一個新的典範。尤達一再指出浸禮的意義，是向世人宣告過往的身分在新社羣內是失效的，我們慶祝一羣新人改變身分，信徒是在聖靈加力下去真誠相待，並展現復和的踐行。[112] 儘管華理克強調要成為委身門徒，可是這種浸禮的政治向度，相信是《直奔標竿》所輕忽的。

4. 基督的完滿

既然，傳福音是首要的事情，華理克便認為評估教會健康的標準便離不開「教會為大使命動員多少人？」[113] 對他來說，上帝期待參與者成為門徒及委身於佈道工作，這讓他定義成功是「使用你所有的恩賜、機會與潛能，盡可能的多結果子。」[114] 當然，結果子乃是指教會在數量上的增長，[115] 而這是要求信徒付出「忠心」——「忠心是使用上帝所賜的才幹與資源，盡可能的多有成就。」[116] 換言之，最終仍是造就教會增長。華理克強調，如能「釋放這些潛藏在各堂會裏的大量才幹、資源、創造力和精力，基督教會將以一種驚人的、爆炸性的速度成長。」[117] 故此，教會不要埋沒及糟蹋信徒的才幹，領袖需要刻意、用心計劃，來發掘每個信徒的恩賜，動員他們更多地服事基督；按華理克的理解，這才是「信徒皆為牧者」的觀念。[118]

尤達認為這是錯誤地了解保羅的恩賜觀，因為論者常以為信徒的恩賜是天生的，並且表示他們擁有特殊的能力，可是保羅的原意是指，這些恩賜/禮物決不能離開救贖故事或耶穌的主權來討論，故此，恩賜/禮物決不是信徒天生便擁有的東西。[119] 尤達進一步指出，把恩賜當作能力來理解的問題乃始於社會學家韋伯（Max Weber），這歸因於他稱靈恩（charisma）為一種領導「魅力」（charismatic）。韋伯的論述表明，因為領袖具有一些特殊能力，從而使他獲得眾多追隨者的信任，結果成為一個有權力的中央領袖。[120] 相似地，華理克對會友的期望仍離不了發掘「才能」、運用「才能」，儘管他的目標是造就教會成功，這看來或許合乎聖經教導，可是，這卻與原初上帝所賜予的恩賜/禮物有別。尤達強調，本來不同肢體都是上帝賜予的禮物，成員休戚相關，一個成員受苦痛，自己同樣受到損傷，[121] 我們本來是要委身於對方的成功及失敗中，可是今天彼此只是達標的工具，結果教會看重信徒的「才能」，並積極地按「才能」分類，彼此合作運用專長，以有效地令教會增長，而這才是信徒成功的指標。可是，尤達指出這類合作關係，卻是翻印商業及工廠模式，是沒有必要由基督來完成的。[122]

5. 保羅的規條

華理克指出，領袖的角色是「不能讓發牢騷的人決定教會的程序，這樣做等於丟棄你的領導地位」。[123] 他認為這些人是消極會友，因為他們與教會的事工觀念衝突，結果引起領導的諸多麻煩，所以為了減少衝突，華理克便說：「或許他們該加入觀念與個人喜好較適合他們的其他教會。」[124] 這樣看來，能留下來的會眾才對教會的事工積極支持，以及作出慷慨的奉獻。[125] 為甚麼他這樣堅持呢？因為對他來說，上帝已經設立了馬鞍峯教會的目標，故此當中是不容討價還價的，教會只是在不同世代裏，尋求實現目標的方法。[126] 這難怪馬鞍峯教會會藉不同途徑，如講道、小冊子、文章、通訊、佈告、錄影帶、歌曲及旗幟等，向參與者傳遞他們的目標，更要求會友簽署誓約，以便他們委身支持教會的目標。這個過程無疑需要科層系統的協助，才能把教會中央領袖的意念傳遞下去。

不過，尤達提及的「保羅的規條」，卻對上述過程帶來挑戰，因為當日改教者的精神就是容讓每人都有言論自由。[127] 尤達有此總結，是因為「上帝的旨意是人所皆知的」，[128] 我們可以在公開的對話中尋找上帝的旨意，共識是在真誠的羣體裏，透過雙方的對話而達成的，而不是基於投票而產生，過程只需要有秩序的發言，並且記錄所達成的結論。[129] 可是，馬鞍峯教會的領袖是否接受這種對話？華理克同意，不是以投票來決定事工職位，[130] 但他是否容忍會友挑戰他的教會目標？他鼓勵對目前事工感到不滿意的人，嘗試進行另一個事工，[131] 可是他同樣認為不接受馬鞍峯教會目標的人適合離開。真誠地聆聽、對話及改變己見，是否他所重視的價值呢？尤達指出，不管彼此是否敵對，雙方都要委身去聆聽對方的言語，[132] 而「保羅的規條」卻一直威脅著家長主義（paternalism）的標準，令他們心生恐懼，[133] 因為這將挑戰那些集中在高層領袖手上的權力。

四　結語

韋利蒙（William H. Willimon）曾回應華理克，說如果人們真能以一套有著明確目標的原則整頓人生，「那麼耶穌在十字架上的死就是上帝最大的錯誤。耶穌應該把整個計劃告訴我們，把正確的技巧傳授給我們，而不是為我們死」。[134] 這評論真是一語中的，道出華理克的問題所在。正如威爾遜所言：「有時——太多時候——我們為了宣教而完全放棄教會論。」[135] 熱心傳福音的人可以同時是抱持破爛教會論的人，尤達的思想一再挑戰我們的種種踐行有否忠於教會的本質。特別的是筆者從《二〇〇九香港教會普查》中見到的，「巨型堂會」(mega-church)對教會及信徒具有強大的吸引力時，[136] 教會領袖更需加倍留神，否則在不經意下，可能便會把福音賣出去了；換言之，體現耶穌基督所踐行的，比宣告一切是奉耶穌基督名義所作的更重要。在此，筆者期望能藉尤達的論述為教會建立另類的成長選擇，因為教會就是一個城邦(*polis*, city)，在此人們一起生活，共同作決定，並藉此形塑他們共同的生命。教會作為一個政治性的肢體(a political body)，其踐行便具有顛覆性，也是一種顛覆原有規則的政治行動，為的是動搖世界的根基。

佈道

——如何佈？佈何道？道何干？

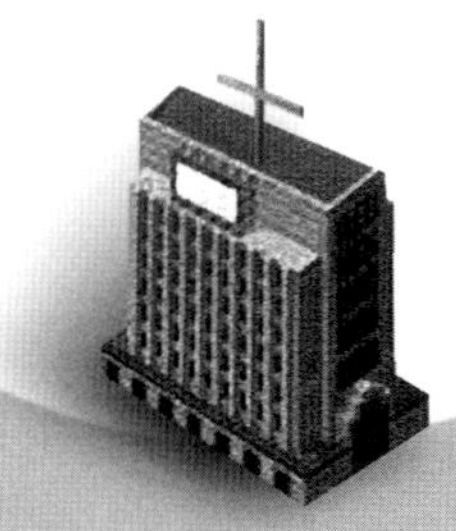

作者簡介：

關浩然，一九九八年於播道神學院道學碩士畢業後，在母會擔任牧養工作至今。

在比賓格頓(David Bebbington)所描繪福音派的特徵中，包括轉變主義(conversionism)和行動主義(activism)，[1] 其基本的意思就是傳揚和活出福音。筆者算是在高中時期才真正接觸基督(新)教，在修讀本科生時參與過當時的校園福音工作，曾隨福音機構在宿舍、校園、街頭佈道。研究院畢業後我進了神學院進修，此後一直留在地方堂會服務。按十數年牧會的觀察，地方堂會的佈道工作大致可分為兩類：個人生活接觸(談道)和佈道聚會。前者是由信徒自己與別人分享信仰生活；後者則由專人講解福音信息，信徒則領人赴會。誠然，香港的地方堂會一直都兼顧此兩者，但佈道會似乎成了佈道的主要想像，再由此延伸出福音午餐會、福音電影會、棟篤笑佈道會等。佈道的恩賜也總是與演說談話有關。

耶穌吩咐教會使萬民成為祂的門徒，教訓他們遵守耶穌吩咐的一切教訓。然而，當信徒想到傳福音時，許多時他們意識裏關注的是另一個信息：「犯了罪的人怎樣可以獲得救恩」。本文將檢討香港教會常見的佈道實踐和福音信息。[2]

一　奮興佈道家的光輝傳説

二十世紀中葉的中國奮興佈道運動對香港教會有著十分深遠的影響，它塑造了香港不少地方堂會和牧者的風格，也在不少信徒中留下了光輝的傳説。這些奮興佈道家雖然大都沒有接受過正規的神學訓練，但憑藉過人的演説感染力和在信徒民眾間的聲望，他們被邀請到不同地方教會領會。梁家麟在〈奮興佈道家對華人教會的塑造〉一文中，疏理二十世紀中國的奮興佈道運動的緣起和教會生態之間的關係，分析奮興佈道運動對華人教會造成的一些較少人留意的負面影響。他在結語中説「奮興家的講道大致統一了華人教會的思維與事工模式，凝固許多屬靈術語和觀念，作用至今不衰」。[3] 影響香港教會佈道實踐的，固然不只華人奮興佈道家，但我們受到奮興佈道運動的影響，也確實深遠。梁家麟列舉的一些奮興佈道家的特色，依然可在香港的佈道事業中見到。

梁家麟指出華人教會對神學教義的輕視，與差會的背景有關。「為了使這些不同教會背景的人走在一起，和衷共濟，差會得進一步淡化教義、禮儀、傳統等宗派特色，否定它們的必須性，甚至質疑它們的存在價值。因此，由這輩傳教士所建立的華人教會，即使掛上甚麼宗派的牌子，宗派色彩還是淡薄得很的。」[4] 至少在佈道工作上，香港教會基本上仍然是抱守超宗派主義的，強調和衷共濟，淡化神學。[5] 但佈道總有神學，於是代贖和得救，便是佈道工作中最重要，甚至是惟一的主題。[6]

昔日的奮興佈道會，發生的場地主要是地方教會，而主要對象是信徒和已經透過教會接觸過基督信仰的人。如今的佈道會也差不多，出席者也主要是信徒，初信者，以及由信徒帶來的一些非信徒。

梁家麟指出，奮興佈道家鮮有釋經講道，他們通常都是重複講一些基要真理，特別是得救。梁家麟提到于力工的例子，「于力工……後來覺悟到只有耶穌能使人得救，故在講道裏一定要傳講耶穌，於是乎，他把每晚的講題稍為換一換，但『講述的還是人人都犯了罪，應該沉淪，神打發祂的獨生子來到世上，為人釘十字架，流血捨身使人的罪得赦免，人信祂，罪就可得赦免……』。他這樣天天講，天天都有人得救」。[7] 佈道會當然是希望讓非信徒能成為信徒，為了吸引聽眾，今天的佈道會主題多多，花樣百出，卻甚少釋經和神學討論，[8] 扣緊的神學仍主要是耶穌的代贖。

二　佈道點滴：佈道會，佈道家，佈道生活接觸

雖然不是人人都想當佈道家，但佈道家的佈道方法和內容，卻構成一個典範。

既然有專業佈道者，他們的責任便是宣講救恩的道理，如此，「佈道」在理論上便可從其他使命中脫離，或至少可從思識中抽離出來。佈道者只負責佈道，其他工作則留給地方堂會的牧者或信徒去做。這類單一目的的事業，自然叫人留意到佈道會帶了多少人（決志）信主。佈道家如果不能帶人信主，便不成佈道家了。然而，我們又知道，佈道會決志的人數，遠高於留在教會中成為門徒的人數。香港教會對耗費甚大的大型佈道會的熱情大概已冷卻，對其成效感到懷疑，但對佈道家／佈道會這種平台的熱情，卻未見冷卻。

有別於個人談道，佈道會是單向的，由主辦者設定題目，聽眾聆聽。為了增加佈道聚會對非信徒的吸引力，近年的佈道會已加入愈來愈多不同的元素，如澎湃的音樂、峯迴路轉的見證、名人嘉賓等；主角已不單是佈道家講員，但觀眾卻仍主要是接收者。傳達信息者與接收信息者之間沒有甚麼關係，也不打算建立任何長遠的關係。信息也是單次獨立的，盡可能要在一次的活動中，鼓勵觀眾或聽眾決志。經驗告訴我們，有作用的佈道聚會，只是冰山露出水面的部分，在水面下的是日常生活中，信徒與非信徒的聯絡，這支撐著那些露出水面上的佈道會。若信眾在日常生活中沒有跟朋友談道，沒有真實的關心未信者的全人，而只為了應酬地方堂會所舉辦佈道會而邀請人出席，這樣，通常只會得到朋友的應酬而來湊湊熱鬧而已。

生活接觸上的佈道，一般稱為個人談道。然而，這種佈道通常都不只「談」，而是包含在生活上的多層面接觸。這種接觸通常發生在已有的人際關係上（除非是向陌生人佈道，那時真的大概只有「談」），而且當中的關係大多數是對等的，例如在同事朋友之間。因此，雙方便較能開放坦誠地對話，談道者的關係亦隨時會因談道而變化，增進彼此的認識。這種接觸也會發生在羣組之間，例如在公司同事的午飯，或在郊遊旅程中。這類接觸是連續的，多次的，可跟進的，產生的關係有進有退。「聽」道者不受環境催促，有足夠的空間讓其觀察、體會、反省、參與、發問。若佈道會是以聚會和信息作為中心，個人談道則是以發展關係作為中心。

我們若以佈道會的典範來思考佈道/傳福音的話，便會產生了一種稱為「傳福音的恩賜」的東西。佈道家憑著他們的演説修辭技巧，遊説聽眾聽從耶穌/接受救恩，於是「傳福音的恩賜」便大概是那些傳銷員的本領：個性外向，口齒伶俐，善於跟陌生人打開話匣子，善於遊説，能解答對產品的各樣提問（就算不懂答也能夠使客人滿意），最重要的，莫過於能夠使對方買下你的貨。有人認為，保險從業員向人推銷保險產品，而佈道者是向人推銷救恩（產品），貨品有異，動機不同，手段或者也受限制，但性質卻十分相近。

三　佈道會之起、承、轉、合

佈道會承襲奮興佈道會的模式，而奮興佈道會的根源，則很大程度上受到芬尼（Charles Finney, 1792～1875）的奮興佈道所影響。芬尼本身也是一位社會改革家，著重婦女的教育和她們在教會內的參與，並關注童工問題及推動解放黑奴，深得美國福音派教會的尊崇。[9] 然而，在神學上，芬尼卻偏離了大公教會對原罪的信仰，主張一種道德上的完美主義，因而被批評為柏拉糾主義者。[10] 芬尼在佈道上也帶來爭議，雖然他使用的一些方法在當時也不是全新的，例如大量的廣告宣傳，冗長的奮興聚會，以平信徒作領袖，由男人和女人一同參與公眾禱告；[11] 他最為人詬病的是，主張奮興是需要作出有計劃的擺佈，以強烈的修辭來使聽眾作出決定（make a decision for Christ）。[12] 這種以精密策劃的部署，擺佈聽眾的情緒而使之決志的做法，[13] 引起當時很多牧者和神學家的不滿。

麥格夫（Alister E. McGrath）在疏理由宗教改革到二十一世紀的基督教發展時，對芬尼有這樣的評論，

> 芬尼注重人們對於回應福音宣講的需要，以及講員遊說聽眾回應所需的技巧。他清楚的認為使用各種遊說的技巧去宣講而使人決志，是完全可接受的，甚至是必須的。……甚麼樣的技巧呢？芬尼引入了不少奮興佈道的典型特色，迅速成為大致上沒有受質疑的傳統。其中一個特色是「憂慮座」，這是指一列特別為那些由於講員的講道而為靈魂的安危憂慮，而尋求協助和代禱的人而預備的長椅。

> 然而，芬尼最為人所知的創新是「呼召」，就是邀請人上前接受福音。這技巧後來被慕廸（Dwight L. Moody）所採用——他是十九世紀下旬最顯赫的奮興家——並且流傳到幾乎所有十九至二十世紀的奮興佈道家之中……。芬尼對操縱和引導復興的程序的專注，形成他與第一次大復興的一個重要的偏離。愛德華滋（Jonathan Edwards）和懷特腓德（George Whitefield）都沒有呼召或那些別的技巧。對於他們來說，復興是上帝的恩典，是在人的控制和影響以外的。而對芬尼來說，復興不是神蹟或倚賴神蹟，而是正確地使用混成的方法的結果。[14]

霍頓（Michael Horton）批評芬尼及其跟隨者，認為他們是「以宣講回轉（preaching of conversion）取代了宣講基督（preaching of Christ）」，並説他們「由上帝轉向人，由宣講客觀的信仰內容——就是基督及其釘十架——轉向關注如何使人作出決定（make a decision）」。[15]

現今的佈道會可算是芬尼的奮興佈道的進一步演化。佈道會的那些典型特色，在香港教會中間似乎大致上仍未受到挑戰；而當中那些經常被討論到的地方，大多是佈道會的成效，而不是集中在其本身。[16] 誠然，不是一切的佈道會都會用煽情的手段來叫聽眾決定信耶穌，呼召也不再是佈道會的必然項目，但一般來説，決志仍然是佈道會的核心價值。[17] 如果佈道會的目的不是使人聽從福音，那麼，佈道會還能算是佈道會麼？佈道是遊說人接受救恩的演説，還是講甚麼別的呢？福音究竟是關乎使人決志得救的好消息，還是關乎別的甚麼呢？福音的內容決定佈道的內容，佈道的內容引導我們選擇用甚麼方法來進行針對性的佈道。

四　問題與出路：罪罰與福音

福音是針對解決某個問題的好消息。對於奮興佈道家來説，這問題就是人的罪與審判。于力工可以把題目改一點，每天重複講説耶穌救人的道理，原因就是他們相信福音本來就是針對這一個問題。按這理解，人的罪的困局，救恩是出路，而得到救恩的方法，就是福音。任何題目，最後都扣緊人犯罪和得赦免。

既然福音處理的是人的罪和人與上帝復和、罪得赦免的事，那麼佈道就是讓人從各種的起點走到這個終點的遊説過程。從佈道單張就可以見到這種想法，由於一般人根本不會把罪得赦免列為生活中優先待解決的問題，反而天災疫症（嚴重性呼吸道症候羣〔SARS〕，禽流感）、政治穩定、全球暖化、食物安全、市民權利、經濟前景、環境污染、貧富懸殊、退休保障、失業、子女教育、家庭和諧等等題目，都是一般市民覺得重要或感興趣的課題，所以福音單張的主題多數都與日常生活有關。不過，這些課題都是只是被當作引入福音的門口，引導人關心自己的終局，處理赦罪和得救的問題。古斌有這樣的觀察：「福音教會培養出一種特務性格，福音總是躲藏在偽裝背後，等到時機成熟才出其不意的跳出來。……就是以傳直接福音為己任的佈道機構，它的接觸點理論骨子裏就是教你如何放煙幕，在福音對象防不勝防時突襲。」[18]

敢於以創新方法在城市佈道的林以諾牧師，綜合學者們對佈道的詮釋，區分廣義和狹義的佈道。

> 狹義來說：傳福音是宣揚改變生命的真道——耶穌基督，這是一個獨特的信息（耶穌為救主）及目的（領人歸主）過程。這是一個話語上的宣講，宣揚人藉著信，因耶穌的死及復活，得赦免及救贖。
>
> 廣義來說：傳福音是彰顯主耶穌所帶來天國的平安（Shalom），一個涉及人精神、情緒、身體及靈性的健康。傳福音將屬神的公義在現世活出來，這在宣講上，更包括以生命見證，建立一個公平及關愛的社會。[19]

林以諾所指的狹義傳福音，主要是宣講赦罪得救的方法。廣義之所以是「廣」，是因為它不獨是宣講，也是生命見證；不獨是使人得救，也是「涉及人精神、情緒、身體及靈性」上的健康，而且更是「建立一個公平及關愛的社會」。林以諾的關注是替楝篤笑式佈道辯護，提出「笑」在人的精神、情緒上的心理和醫學上的助益，並這種助益在廣義下的佈道中的正當性。不過，林以諾並沒有疏理在廣義的佈道下，「建立一個公平和關愛的社會」到底有何角色，佈道會與此又可以有怎樣的關係。在林以諾的解釋下，雖然佈道會的形式有所轉變，但所做的事，仍然是狹義的傳福音，只是在其中加入一些廣義的元素，但這些元素最終卻只是配菜或餐前的開胃小食。他說，「然而，我們必須承認，『棟篤笑』只是一種表達方式。它能夠令聽眾開懷大笑，將人抗拒聆聽福音的防禦機制降低；以『笑話』和『幽默』的方式，去揭示人類的罪行和罪性，人生的無奈和無望，最後指出福音才是解決人類問題的方法。在『呼召』時，藉著聖靈的感動，令人扎心悔罪，決志歸向主，最後得著從神而來的救贖，經歷和活出『喜樂、平安和愛的生命』」。[20] 無論形式如何變化，佈道會仍然是關於決志，赦罪，得平安的傳銷活動，扣緊的仍然是個人的罪罰問題，「廣」不了多少。[21] 假如「人類的問題」是罪行和罪性的問題，而出路是決志接受耶穌的代贖，結果是得著從上帝而來的救贖，經歷和活出喜樂平安和愛的生活，那麼整個佈道的方式，無論笑是哭，是靜是動，是外是內，都萬變不離其宗。佈道會無論做甚麼「廣義」的東西，都是為了使人「狹義」的決志，[22] 認為人「狹義」決志了，其他一切的「廣義」慢慢再談。「廣義」的關懷都是煙幕嗎？

五　洛桑福音會議的移軸

華人福音派教會普遍肯定一九七四年瑞士洛桑普世福音

會議（Lausanne Congress on World Evangelization）。林以諾提到在洛桑宣言中，曾提及「耶穌基督的福音原是全人救贖的福音，包括身體與靈魂，而我們關顧身體上的需要，正是履行福音的要求」。[23] 林以諾正確地指出，「洛桑會議定調了傳福音和社會關懷同屬教會的主要使命。」《洛桑信約》（The Lausanne Covenant）寫道：「佈道就是將福音傳揚出來。這福音是照經上所記：耶穌為我們的罪而死，從死裏復活，掌權的主使我們的罪得赦，而且將釋放我們的聖靈賜給所有悔改相信的人。」[24]「我們在此表示懺悔，因我們忽略了社會關懷，有時認為佈道與社會關懷是互相排斥的。儘管與人和好並不等同於與上帝和好，社會關懷也不等同於佈道，政治解放也不等同於救恩，我們還是確信：福音佈道和社會政治關懷都是我們基督徒的責任。因為這兩方面是我們在上帝論和人論的教義上，以及我們對鄰舍的愛和對基督的順服的必要體現。救恩的信息也包含對各種形式的疏離、壓迫及歧視的審判。無論何處有罪惡與不公正的事，我們都要勇敢地斥責。」[25] 又說，「在教會犧牲的事奉中，佈道是首要的。」[26] 因此，雖然確認社會關懷是必須的，不可少的，但佈道卻是首要的，而所佈的福音，乃是關於我們的罪得赦，並得著聖靈。

華人福音派教會鮮有公然反對《洛桑信約》，但在實踐上卻似乎一直將之忽略。認同「救恩的信息也包含對各種形式的疏離、壓迫及歧視的審判」是一回事，但在宣講上是否也包括對各樣形式的疏離、壓迫及歧視的審判又是一回事。[27] 確認社會關懷的必須性是一回事，在「首要」的佈道工作與

「必須」的社會關懷之間，資源會怎樣分配取捨又是另一回事。「必須」的社會關懷在「首要」的佈道工作之下，總難擺脫其作為「煙幕」的角色。當教會在理解上仍然認為福音是關於人如何得到赦罪（並得著聖靈），那麼別的「廣義」或是「必須」的福音／佈道，也只能充當婢女。《洛桑信約》在華人福音派教會中，似乎只能把社會關懷的位置由原先那種被排斥的狀況，轉為暫當婢女的角色或裝飾而已。

第三屆洛桑福音大會，將軸心由「救恩」轉向「使命／任務」。在保持原初的文獻對福音所作的理解下，企圖突破視野，提出以上帝的使命／任務作為對信仰的詮釋和宣教的框架。而《開普敦承諾》（The Cape Town Commitment）[28] 更不再為使命中不同部分排列先後優次，不再把「與人和好」及「與上帝和好」對揚起來，不再把佈道與社會關懷對揚起來，也不再把政治解放與救恩對揚起來，正如不能把我們對永活上帝，聖父、聖子、聖靈，上帝的話，上帝創造的世界，上帝的福音，上帝的子民，上帝的使命的愛等等彼此對揚及擺出先後優次。《開普敦承諾》的兩個組成部分，分別是「為了我們所愛的主：開普敦認信」（For the Lord We Love: Cape Town Commitment of Faith）和「為了我們所服事的世界：開普敦行動號召」（For the World We Serve: The Cape Town Call to Action），在其中，不再按輕重緩急而將信仰裏的不同領域排列分類，倒是強調信仰與行動的配合一致。

筆者認為洛桑會議的核心移軸，最根本的改變就是將福音的對象由罪人轉移到世界。在《開普敦承諾》的序言裏有這兩段說話，第一段為：「福音就是好消息。福音並不是一個需要新鮮點子的概念，而是一個需要以鮮活的方式來重新講述的故事。這是一個不變的故事，關於上帝為了拯救世界而所作的一切，最重要的莫如基督耶穌的生活、受死、復活、掌權之歷史事件。在基督裏就有盼望。」以及：「教會的任務仍然持續。上帝的任務/使命要直到地極，直到世界的末了。有一天會來到，那時世界的國都要變成了上帝和祂的彌賽亞的國度，而上帝要在新天新地中，與他所救贖的新人類同住。直到那一日，教會仍要參與上帝的使命，要帶著喜樂的緊迫感，給每一代基督徒(包括我們自己)和教會帶來新的、令人激動的機會。」[29] 在這個論述裏，個人的得赦免和得著所應許的聖靈，是在一幅更大的藍圖中的一個小部分。這更大的藍圖是上帝拯救世界，更新世界，使世界的國歸服自己。

這次移軸，對教會的佈道可以有很大的含意。以往在佈道上引入福音的各種話題，不再是煙幕。社會解體、經濟崩塌、天災人禍，不再是使人留意自己犯了罪的切入點，而是福音所真正關注的課題。耶穌的福音不再是關於人犯罪及如何獲得赦免的方法，福音是上帝透過耶穌的生、死、復活來挽回祂所創造的世界（包括人類）的故事，這故事需要被重新講述。

六　耶穌傳上帝國，保羅傳耶穌，我們傳福音

上文提到霍頓批評芬尼及其跟隨者，「以宣講回轉取代

了宣講基督」。這個轉移並不是第一次發生，而是在新約研究裏，很早便有學者指出，保羅的宣講把耶穌所傳的上帝國信息，變成了宣講那位宣講者（the proclaimer became the proclaimed）。[30] 耶穌宣揚上帝國來臨的好消息，而保羅卻宣講信耶穌得救。根據這些學者所言，乃是保羅創造了基督教。[31]

正如《開普敦承諾》的前言所説，福音是一個需要重新講述的故事。要重新講述這故事，我們便需要疏理以下三者的關係：耶穌宣講的上帝國的福音，保羅宣講的上帝國君王彌賽亞耶穌，奮興佈道家宣講的悔改認罪決志。筆者並非新約學者，但也會嘗試略為簡介近年對前兩者的閱讀的看法，以給讀者一點參考。

耶穌宣講的核心，乃是上帝國的臨近，並且這上帝國是會隨時臨到的。先知所預言的耶和華的日子即將臨到，以色列的最後機會也很快便要來到，假如以色列不好好把握這機會，它便會如無花果樹般枯死。假如以色列能抓緊機會，重新成為真以色列，那麼他們便能進入上帝國，享受永福，得享百倍的昌盛。這也是施洗約翰的信息，他説斧子已經放在樹根上，準備隨時砍下去，凡不結好果子的樹，就要被砍下來，丟在火裏。麥子要收在倉裏，糠要用火燒盡。從某個時候開始，耶穌表示自己是耶和華的受膏者，以色列要由祂重建。祂醫治潔淨，恢復以色列的團契，又呼召十二人，象徵十二支派的重生。祂以種種象徵，表示自己就是在末後所重建的聖殿。耶穌差遣門徒到以色列家中宣揚上帝國快臨的好消息，宣告凡接待耶穌及其使者的，就是接待上帝的差使，便會被算為上帝的以色列。凡不接待耶穌和祂所差遣的，便是拒絕上帝的使者，也會被拒作為以色列。但耶穌的上帝國運動，遭受到耶路撒冷的撒都該人、祭司和法利賽人所拒絕，他們不認為耶穌是耶和華的受膏者，而只是一個搞事分子。耶穌自視為但以理書的聖民／人子，人子要被交出來，交給藐視至高者的帝王，然後上帝的國便會臨到，聖民也會得永遠的國。而耶穌被羅馬處決，乃是門徒所沒有預料的，他們也從來沒有預料到祂會復活。耶穌的復活逼使門徒重新理解耶穌所言所行的一切。[32]

保羅宣講的核心，不再是上帝國快臨，而是上帝的受膏君王耶穌和祂那被釘十架的處決，但上帝卻使祂從死人中首先復活，成為萬物復興的初熟之果。如今凡接受耶穌的權柄與身分的人，不論是猶太人或是外邦人，都以相同的條件，藉對耶穌之信而成為以色列，都是上帝家裏的人，一同承受上帝向亞伯拉罕及其後裔所應許的福，等候萬物更新，受造之物在虛空中得釋放而享自由。耶穌不獨是以色列的君王，正因為祂是以色列的彌賽亞，所以祂也是在末後的日子中，世上執政掌權者的元首，萬膝當跪拜祂，萬口皆承認祂。耶穌的使徒要向普天下的人宣揚耶穌作王的好消息，呼召人聽從耶穌，順服祂的管治。而上帝會向祂一切的子民，賜下祂的靈，正如先知所應許的。保羅的召命就是藉聖靈的能力向萬民宣教，在各處組織上帝的子民，叫他們也作為先於世界被聖靈更新的新創造／新人類，活在聖靈中，透過宣講、禱告、服務、善行、團契、擘餅，甚至殉道，宣示耶穌的主權。「我們原不是傳自己，乃是傳耶穌是主。」[33]

至於第三種宣講，我只提出我的觀察。美國十九世紀的第二次覺醒中，奮興佈道家開始把宣講的焦點由新約聖經裏關於客觀的，歷史的，及關於猶太人所信的那位創造天地的上帝，已藉著祂的受膏者兒子耶穌的生、死、復活、掌權和再來，變為針對聽眾當下的決志、得赦免，享永生，得豐盛平安的生命。這種轉向，原本所要回應的處境是要活化信徒只有認信，沒有經驗，不夠實在（inauthentic）的信仰，後來卻演變成了專門針對未信者的入門「福音信息」，持續影響著美國的福音派教會。這種轉向也透過美國的奮興佈道運動所引發的海外宣教運動，由傳教士帶到中國的土壤，再由中國的奮興佈道運動流傳到現在。由於這種「福音信息」，一直在美國發揮影響力，受到美國福音派教會密切影響的香港教會，也一直同步在它的氛圍下佈道，不易發現其與耶穌的上帝國福音潛在的距離。[34]

七　兩個信息，兩種佈道

宣揚上帝國藉耶穌的生、死、復活，已臨到受造世界；這是關於耶穌和上帝國的好消息。宣揚你犯了罪，必須信耶穌才得赦罪，而你在信耶穌後便會得平安喜樂的生命，這是關於你的得救的好消息。[35] 這兩個信息雖然不互相排斥，但重點卻絕對不同。[36] 前者乃是由上帝開始，關心到祂子民和受造世界的復甦與得贖；後者則是由你犯罪開始，關心到你永恆的歸宿與福祉。不同的信息，也配合不同的佈道。一個是報告（announcement）客觀的消息，講述上帝透過耶穌所作成的事。一個是遊説（persuasion）聽眾作出一個決定，接受一宗交易，你把罪罰交給耶穌，耶穌則把義加給你。[37] 這邊祈求「得著口才，能以放膽開口講明福音的奧祕」，關注的是放膽講論，並講得明白。另一邊廂是「使人決志，接受救恩，得享福樂」，關注的是聽眾的回應。兩個信息，兩個重點，產生兩種佈道視野。以下，筆者會以兩個列表來展示這兩個信息之間的對比，希望有助讀者更準確地掌握兩者的分別。

【表一】「上帝國的福音」與「使我得救的福音」的對比

	上帝國的福音	**使我得救的福音**
佈道	報告上帝透過彌賽亞耶穌所成就的事情。	勸告、遊説聽眾接受耶穌帶來的救贖。
困局	世界陷在罪的權勢中，受造而具有上帝的形像的人類失落了他們應有的任務。	人犯了罪，要面對今生來生的審判，生命沒有平安，不滿足。
出路	上帝要挽救祂所創造的世界，透過受膏者耶穌和聖靈更新統管世界，直到終末完成。	上帝差耶穌代贖，使人得脱罪罰，罪人可因信稱義，獲得赦免，得著聖靈，生命豐盛。
核心	上帝國介入受造世界	聽眾的處境和出路
行動	講解清楚耶穌的生、死、復活、掌權的意義。	講解清楚人接受救恩的需要，方法，及結果，並遊説聽眾決志。

見證	見證大公教會的信仰——耶穌的生、死、復活、掌權的事；報告信徒羣體履行使命的忠心服事，流汗，流淚，流血，如撒芥菜種子般為神國服務的事；是公共的，社羣的，付出的見證。	提供悔改得救的「人辦」，閃亮的個人生命，困苦中得平安，空虛中得滿足，傷痛中得醫治，束縛中得釋放等經歷；是內在的，私人的，「得著」的見證。[38]
呼籲	歸服效忠上帝的君王	決志接受救恩
期望	聽眾降服於上帝，成為上帝國的子民，得著聖靈和赦免，為上帝國的彰顯服務。	聽眾得到救恩和聖靈，因而有喜樂、平安、蒙愛的生活，然後活出好見證。

【表二】從社會公共生活，教會羣體，教會使命來比較上述的兩個信息及佈道

	上帝國的福音	**使我得救的福音**
社會公共生活	社會公共生活就是上帝國的福音所針對的其中一個層面，因為公共社會生活也伏在罪的權勢之下，也是受造之物等候得自由的領域之一。社會生活不是提供切入罪與罰的話題，社會生活是平安的上帝國福音直接關注的事情。換言之，沒有脫離社會生活的福音。	社會公共生活不是福音所真正關注的，因為福音關注的是我本人的罪與罰，今生和來生的審判，並我的生命是否豐盛滿足。社會生活是切入更核心的罪與罰問題的起點，一旦進入了福音，我們便可以擺脫它們。參與公共生活是教會的責任，但它跟傳福音關係不密切，不是福音真正針對的核心，甚至會刻意過濾，免得使人分心。

教會羣體	上帝國的福音產生的不是一個又一個的得救了的人，而是產生上帝的子民羣體——大公教會。教會羣體不是福音的副產品，教會在福音的中央。教會生活不是人得救後的生活裏的一些節目，教會生活是人被召進入的人際—社會關係。換言之，沒有脱離羣體的救贖。[39]	福音是關於人在上帝面前如何得脱罪罰的事情，在人與上帝之間只有基督，沒有教會。教會羣體是人得救後參加的屬靈社團，一同敬拜、一同團契，小組，讀經等，過著宗教生活。信徒單獨生活的話，信心和靈性便容易軟弱，聖經也吩咐人不可停止聚會，所以聽命的信徒應當參加教會。
教會使命	上帝國的福音的核心不是人的得救，得救沒有被抽出來成為焦點。整個佈道信息，是呼召人降服於上帝的彌賽亞，主權在先，得救是額外的恩典。在上帝國的福音裏，若有決志，是決志降服於上帝的君王，聽候差遣。人被召服務於上帝國，不是上帝國來滿足人的需要。使命是呼召的核心。換言之，沒有脱離使命的決志。	人決志，是要承認耶穌是個人救主和生命之主，兩者都是必須的。耶穌作為信徒生命之主，有指揮信徒生活的主權，信徒也應服從耶穌的大使命。但救主與生命的主在概念上仍是兩樣東西，人在交出生命主權上不完全，不會令人不完全得救。得救了的人，也未必是門徒，這是為甚麼大部分教會都想著如何使得救者成為門徒。

八　佈道轉向

在【表二】中，我提到在上帝國的福音中，沒有脱離社會公共生活的福音，沒有脱離羣體的救贖，也沒有脱離使命的決志。筆者不是倡議要取消「救我的福音」，而是要將它放進「上帝國的福音」裏，呈現出前者只是後者在我身上的特別作為，後者才是新約聖經的主調。[40] 數年前我曾在自己服務的羣體中，就以上的看法提出過一些佈道上的轉變，現簡述如下。

1. 五個轉向

1. 由「引入福音的話題」轉到「福音關心的課題」

如上文所說，上帝國的福音所關注的既是受造世界的困局，因此我們在佈道時便不應把福音矮化為救人的方法，不應把其他一切話題皆還原到人犯罪的問題及其終極命運之上。我們應當從上帝國的福音所關注的眾多課題之中，直接在這些課題上向社會分享上帝國的福音，[41] 擺脱放煙幕式佈道。

2. 由「我得救的福音」轉到「耶穌基督的上帝國福音」

佈道的重點，由奮興佈道所關注的決志得救，重新移向耶穌的生、死、復活、掌權與再來。由「作我個人的救主和生命的主」，轉向宣認「耶穌是主」。由邀請耶穌進入我的生命，替我解決我的問題，轉為我被徵召入伍，投身耶穌基督的上帝國工程。

3. 由「垂直單面」轉為「立體多邊」

由關注人與上帝關係的復和，恢復為關注人與上帝、人與自己、人與他人、人與世界各方面的復和。而且不只是講，也要實際地去締造這種復和。由搶救靈魂，轉為彰顯上帝國的臨在。服務社會則由伙伴預工或愛心見證，轉為履行教會的福音使命。

4. 由「附錄式的教會」轉為「朝聖途上的教會」

教會的位置，由福音的附錄或副產品，恢復為福音信息直接的呼召。信徒由關注自己的屬靈生命，轉為關注多邊的團契重建，包括人與自己，人與他人，人與世界。由關注當下喜樂平安的生命，轉為蒙召進入一段懷有盼望的朝聖旅程。

5. 由「掌握得救確據」轉到「建立社羣認同」

佈道由著重決志的一點，轉到關注皈依的漫長過程。[42]由救贖論教義（orthodoxy）的清楚傳達，轉到信仰生活行動（orthopraxis）的重複練習。由接受命題與指示，到參與一個新社羣。

2. 三個優先

過往的佈道，以對談或演講，讓聽眾相信，決志接受救恩。但上面提出的五個轉向，反映不同的優次，試歸納為以下三點。

1. 歸屬優先於相信 （Belonging > Believing）[43]

按常規，佈道著重當下的相信和決定，當人決志後，再鼓勵他參加教會聚會。但人在相信之先，多數要有一定的歸屬感。大部分在佈道會中決志的人，大都是從前已接觸過教會，對基督教有一定的好感，這些都是在佈道會之前發生的事。將決志放在最前的位置，看成是入門，會忽略了福音關注的不只有人與上帝的垂直復和，而是多邊複雜關係的復和。耶穌與罪人吃飯，往往在人表示悔改之前，團契先於悔改相信。我們跟人締造和平互愛的關係，成為朋友，培養彼此的歸屬感，然後才有更好的土壤使「相信」發生。增加曝光率，廣告式的多、快、好、省的宣傳，有其作用，[44] 但卻難以產生歸屬感。那些一次性的佈道會，假如在其背後沒有穩固的關係網絡配合，亦難以產生真實的皈依。[45]

2. 門訓優先於決志（Discipleship > Decision）

按常規，我們待人家決志了，然後才邀請參他們與不同品牌的「門徒訓練課程」。但以上的倡議，卻是直接建立社羣身分認同，重複練習信仰生活行動。未決志的人，只要他們不排斥教會，也歡迎一同參與信徒羣體的門徒生活。其實大部分教會一直歡迎陌生人一同敬拜，查經，團契，只是由於把決志看成入門，因此未主動邀請未信者參與實踐，[46] 堅持要先信後行。[47] 上帝國的福音呼召人服從真道，重建復和的關係，離棄罪惡，人可以從踐行中更深體會，也透過參與，歸屬感得以累積，慢慢讓人真正全面成為社羣的一分子，同擔使命。

3. 合作優先於對談（Co-operation > Conversation）

佈道的常規是先談話，並且專注認罪悔改決志，優先針對人上帝關係的復和，有時甚至會刻意過濾其他使命，以顯出我們沒有偏差，純正地關心人的靈魂。這倡議中的「優先」並非時間上或邏輯上的，而是強調上的優先。對談與宣講絕對可以發生在合作之前，沒有一定的先後，也可獨立地發生而沒有合作。然而教會應該願意與別人一同服務，一同建設，追求公共的善（common good），眾人以為美的事，留心去作。這不是取消宣講與對話，只是認為無必要把宣講與對話看成一切合作的先行條件。合作可產生信任，信任使聆聽成為可能。

九　摸石頭，再上路

福音是上帝國介入世界的好消息。佈道/傳福音是參與耶穌基督的上帝國工程，報告耶穌已完成的事，並忠心履行祂所交託教會辦理的事。因此，佈道是教會羣體的事業，而不是個人的表演。教會所見證的，不是某些人物閃亮的生命，而是早期教會對耶穌的記憶，是後代教會延續的事業，是上帝對大公教會的崇高召命，是信徒羣體對社會大眾的捨己服務，是致力重建世間多種的團契關係。這樣看來，所謂傳福音的恩賜便不是傳銷的技倆，不是少數人(精英？)的本領。教會不需倚賴名嘴、名流、富豪、明星，來扮演「悔改的人辦」，以「人氣」來支撐信息，[48] 不需以種種「特技」和「後期製作」來堆砌傳奇的悔改故事，不需以罕見的殊例來證明上帝恩惠大能的福音，[49] 不需要製造驚世的話題來吸引觀眾；我們真正需要的，是教會羣體道成肉身，服事弱小，捍衛真理，抗拒邪惡，勇敢悔改，付出代價的行道見證。[50] 最好的佈道「會」平台，其實不是在昂貴的大球場、體育館、展覽廳，而是街角，在掌聲燈影之外不為觀眾所見之處。

這樣，信徒羣體的公共生活，信徒個人跟未信主者的日常生活接觸，就是最重要，但最被忽略的佈道實踐。別人看見我們的生活，才會留心聽我們的故事。本人曾在自己服事的羣體裏舉行母親節小眾福音聚餐，叫每位報名的信徒自己預備一篇講稿，從基督信仰的角度當眾對母親說感激的話，講述一兩件母親作在自己身上的事，或自己對母親很深刻的事，甚至可以公開認錯。為幫助信徒更有信心宣講，傳道同工事前審閱講稿，給予適當的意見。在聚餐當天，各個家庭一同坐席。每位家長聽見別人的子女講說對父母的感恩，又聽見自己子女在眾人面前稱謝自己，整個餐會就是促進子女對父母恩情的感謝，又向眾位未信主的家長表述基督信仰對孝敬父母的肯定，以及基督徒在此事上所作的努力及所面對的挫折，並邀請所有人遵行孝敬父母的吩咐。信徒在生活裏真實地尊敬父母，帶父母進入信徒羣體那種集體的生活中，一同在信仰的角度看當下的生活。那一晚，不用有甚麼主題信息，但在眾人的參與中，基督信徒所重視的人與自己，人與上帝，人與父母的愛與復和都被呈現出來。主要的信息不需由專業的傳道人的口裏說出來，而是由當事人直接認識的子女親口說出。由專業人士代理的佈道，總是遠距離的，人家可以湊湊熱鬧，聽過便回到起點。而那次的信息卻是有後果的，有危機的，沉重的，因為聽眾都看見宣講者日常的生活，他們是真心或是假意，自有生活來印證。那天毋須任何決志，影響力已發揮了。那天的宣講並不關乎得救，認罪，贖罪，永生，主再來……，而且肢離破碎，但影響力不在信息的完整，而是在於信息的力度。一次過的信息從來都不足夠，也從來不會有足夠的「福音宣講」，若能建立關係，在關係中便可繼續發現上帝國的福音，而且他們不只聽見，而是也能看見。

提到這個個案，不是要說明這種「佈道」更有效（效果從來不是立竿見影的，本文也不是探討效果），而是描述上文所倡議的轉向的一次實踐經驗，拋磚引玉。

註釋

上篇

教會何以另類？超越社會實在論的教會觀

1. 參鄧紹光：《教會不在場——崇拜、宣講與牧養的再思》（香港：基道出版社，2009）。最近，鄧紹光進一步闡釋，「不在場」並非單純負面的缺席（absence），也可以意指「聚與散」，以及不全然在場的恆常活現與生成。見鄧紹光：〈教會不在場〉（2012 年 1 月 19 日中華宣道會聯合發展小組同工雙月會講稿）。這裏，我是挪用法律上的常用意思。
2. Nicholas M. Healy, *Church, World and the Christian Life: Practical-Prophetic Ecclesiology* (Cambridge: Cambridge University Press, 2000), 25～51.
3. Nicholas M. Healy, "Practices and the New Ecclesiology: Misplaced Concreteness," *International Journal of Systematic Theology* 5/3 (2003): 287～308.
4. 希利認為不少新教會論者以教會「踐行」（practice）作為反思對象，但未能掌握「實作」（practice）在當代社會理論中的複雜性和曖昧性，尤其是它對現代（主義）實證社會學理論的批判性意圖。這些神學家也沒有自己一套完備嚴謹的「實作」理論，他們口中的「踐行」，偏於純粹規範性和理想性，正正忽略了「實作」概念所質疑的抽象思維過程（abstraction）。因此，希利批評他們犯了「寄託於錯誤具體性」（misplaced concreteness）的謬誤；換言之，「踐行」看似實在，其實仍然太抽象，尚未觸及日常生活的凌亂性（untidiness of everyday life）。希利的批判可說大致正確，但仍有不盡之處，若要釐清，則需兼顧整個晚期現代社會理論的多重轉折，在此未能深入探討。可參考成伯清：《走出現代性：當代西方社會理論的重新定向》（北京：社會科學文獻出版社，2006）。

5. John Milbank, *Theology & Social Theory: Beyond Secular Reason*, 2nd ed.（Oxford: Blackwell, 2006 [1990]）.
6. 我將“sect”譯成「流別」，是跟從余德林博士的創議。
7. 李駿康：《現代教會論類型學：自由、認信與顛覆》（台灣，新北市：台灣基督教文藝出版社，2011）。
8. 李駿康先引用韋伯（Max Weber）對類型的定性，就是它們必須互相排斥對立；後來卻指他自己提出的三個類型不需要彼此排斥。李駿康：《現代教會論類型學》，頁 9、40。
9. 對尼布爾的方法學最有力的批判，見 John Howard Yoder, “How H. Richard Niebuhr Reasoned: A Critique of *Christ and Culture,*” in *Authentic Transformation: A New Vision of Christ and Culture,* ed. Glen H. Stassen（Nashville, TN: Abingdon Press, 1996）, 31 ～ 89。大部分神學工作者都搞不清「理想型方法」（ideal-typical method）**並非**一種分類學，其功能不是單純的比較分析，而是為建構歷史文化的因果解釋（causal explanation）。神學家對「理想型」的用途一知半解，或者無可厚非，因為其他學科的學者一樣對此莫衷一是，對韋伯本人的方法學認識不足；參 Fritz Ringer, *Max Weber's Methodology: The Unification of the Cultural and Social Sciences*

（Cambridge, MA: Harvard University Press, 1997）。

10. 比較李駿康：《現代教會論類型學》，頁 34 及 26、28，註 89。

11. 「認信類型」的教會論強調教會與世界的分別、對照（而非簡單的對立、相反），主張教會與文化的關聯是「從內到外」，李駿康以巴特（Karl Barth）、莫特曼（Jürgen Moltmann）、侯活士作為其代表人物。李駿康：《現代教會論類型學》，頁 91 ～ 153、210，圖二。

12. 李駿康：《現代教會論類型學》，頁 230 ～ 233。

13. 李駿康：《現代教會論類型學》，頁 91 ～ 93、153 ～ 157。

14. 參 Healy, *Church, World and the Christian Life*, 31 ～ 32。

15. Healy, *Church, World and the Christian Life*, 22, 47 ～ 49, 84 ～ 85, 121, 172.

16. Healy, *Church, World and the Christian Life*, 36, 46, 149；比較 Stanley Hauerwas, *The Peaceable Kingdom: A Primer in Christian Ethics,* 2nd ed.（London: SCM Press, 2003 [1993]）, 54 ～ 55。

17. 參 Healy, *Church, World and the Christian Life*, 43 ～ 44；Hauerwas, *The Peaceable Kingdom*, 113。

18. 鄧紹光：〈失序的教會（觀）〉（未出版文稿，2011）。

19. Yoder, "How H. Richard Niebuhr Reasoned," 41, 274, n.31；另參 Stanley Hauerwas and William H. Willimon, *Resident Aliens: Life in the Christian Colony*（Nashville, TN: Abingdon Press, 1989）, 41。

20. 參李駿康：《現代教會論類型學》，頁 34、38。不過，沒有惟一、絕對的標準，不等如沒有標準；不同選項各有可取之處和缺點，不等如所有選項都同樣可取；沒有一個選項能夠贏得壓倒性的優勢，不等如不能個別地佔有相對優勢。

21. 李駿康：《現代教會論類型學》，頁 208、240、244。李駿康對顛覆類型的評論，也有點「又要馬兒好、又要馬兒不吃草」的矛盾：它的高度學術性和理論性，以及對大學裏知識型信徒的吸引力，既是它的強項，也是致命的弱點（參頁 203～204）。

22. 李駿康：《現代教會論類型學》，頁 40；比較：頁 210、217。
23. 李駿康：《現代教會論類型學》，頁 87、156、203、231～233、241。
24. 李駿康：《現代教會論類型學》，頁 3、39。
25. 李駿康：《現代教會論類型學》，頁 244。
26. 李駿康：《現代教會論類型學》，頁xiii。
27. 李駿康：《現代教會論類型學》，頁 3、13、215、233、241。
28. 見李駿康：《現代教會論類型學》，頁xiii。
29. 類似的謬誤在神學論述中比比皆是，例如：Arne Rasmusson, *The Church as Polis: From Political Theology to Theological Politics as Exemplified by Jürgen Moltmann and Stanley Hauerwas*（Notre Dame, IN: University of Notre Dame Press, 1995）, 211。
30. John Howard Yoder, *The Priestly Kingdom: Social Ethics as Gospel*（Notre Dame, IN: University of Notre Dame Press, 1984）, 11; Hauerwas, *The Peaceable Kingdom*, 100 ～ 102；以及 Stanley Hauerwas, *Sanctify Them in the Truth: Holiness Exemplified*（Edinburgh: T&T Clark, 1998）, 192；Stanley Hauerwas, *In Good Company: The Church as Polis*（Notre Dame, IN: University of Notre Dame Press, 1995）, 236, n.4。
31. 從第一種問題取向（道德決疑）轉移到第二種（羣體品格），是侯活士對神學倫理學的重新框定（reframing）；參 Samuel Wells, *Transforming Fate into Destiny: The Theological Ethics of Stanley Hauerwas*（Eugene, OR: Cascade Books, 1998）。
32. 當神學論述完全由神學人自己把持（preside over），三一上帝就喪失了「行動者」的地位（agency）；參 Philip Ziegler, "God and Some Recent Public Theologies," *International Journal of Systematic Theology* 4/2（2002）: 152～154。

33. 龔立人以「進程論」理解教會自我身分的探索，認為教會必須與時代對話，這是無可非議的。但他說：「重點不是邁向更完整和更準確的教會論，而只是更有責任地詮釋教會作為一個在世界裏的羣體之意思」，他口中的「責任」若不以教會對忠信的認知作為規範和目標，恆常地以此檢視教會生活有否失序，他就將教會論當成一本沒有結局的書。李駿康：《現代教會論類型學》，頁 xiii。
34. 參本書第一章，鄧紹光：〈教會失序？！——從三一上帝的拯救活動思考教會的本性〉。
35. Kathryn Tanner, *Theories of Culture: A New Agenda for Theology*（Minneapolis, MN: Augsburg, 1997）.
36. Tanner, *Theories of Culture*, 96 ～ 98.
37. Tanner, *Theories of Culture*, 61.
38. 當不少神學家說基督教（會）「是」一種文化，可能只是一個隱喻——基督教（會）只是「像」文化——而不應被當為一項本體論陳述而被過分認真看待；參 Healy, *Church, World and the Christian Life*, 168 ～ 169。
39. Tanner, *Theories of Culture*, 67, 93 ～ 94.
40. Tanner, *Theories of Culture*, 38 ～ 56.
41. Pierre Bourdieu, *Outline of a Theory of Practice*（Cambridge: Cambridge University Press, 1977）, 18 ～ 21.
42. Tanner, *Theories of Culture*, 52, 55, 68, 152, 167.
43. Tanner, *Theories of Culture*, 70, 93。唐娜所應用「宗教作為文化」（religion as culture）的理念來自紀爾茲（Clifford Geertz），但紀爾茲的詮釋性文化概念跟當代實作理論、解構理論等格格不入，一直被後現代主義者窮追猛打。而唐娜自己，雖然一開頭否定了基督教是一種名副其實的、整全意義的「文化」，但仍然繼續不得不以基督徒生活方式（Christian way of life）稱之。她已經陷入了後現代主義的兩難：一方面，堅持文化是不可被理論言說的；另一方面，卻不斷在言說文化，並大量生產文化論述。

44. Tanner, *Theories of Culture*, 57 ～ 58, 112.

45. Tanner, *Theories of Culture*, 166 ～ 167.

46. 參 Tanner, *Theories of Culture*, 113。

47. Tanner, *Theories of Culture*, 114 ～ 115.

48. Tanner, *Theories of Culture*, 94 ～ 95, 123.

49. Tanner, *Theories of Culture*, 125.

50. 參 Stanley Hauerwas, *Christian Existence Today: Essays on Church, World, and Living in Between* (Durham, NC: Labyrinth Press, 1988), 102。

51. Yoder, "How H. Richard Niebuhr Reasoned," 75, 262, n.117.

52. Tanner, *Theories of Culture*, 98, 102 ～ 103。唐娜仍傾向將「社會另類」用社會學術語具體化，所以將教會比擬為一種社會運動(social movement)，或一個具有自己社會議程的團體。下文將交代她忽略了「另類社會」此概念本身已經蘊含比她所說的更豐富的政治性意涵。

53. 唐娜和侯活士對「異類僑居者」的理解是有差異的。唐娜心目中教會的存在模式，仍然是空間性的，教會若真的要成為另類社會，就必然與社會此消彼長、互相排擠霸佔地方。但對於侯活士來說，若教會是忠信的，就不佔據屬於自己的地方、也不**在**任何地方(nowhere)，並甘於活在別人的領域裏面。Stanley Hauerwas, *After Christendom?: How the Church Is to Behave If Freedom, Justice, and a Christian Nation Are Bad Ideas* (Nashville, TN: Abingdon Press, 1991), 16 ～ 18。

54. Miroslav Volf, "Soft Difference: Theological Reflections on the Relation Between Church and Culture in 1 Peter," *Ex Auditu* 10 (1994): 15 ～ 30.

55. Volf, "Soft Difference," 18 ～ 19.

56. 侯活士認為教會沒有一個屬於自己的文化根據地，可以由此出發，往外再去轉化世界；參 Hauerwas, *Christian Existence Today*, 15；Hauerwas, *In Good Company*, 53。
57. 西方基督徒的身分是特別尷尬的，文化上，他們曾經是主流，但他們在建制內的地位卻是將廢未廢（once culturally established, still not yet clearly disestablished），或因此而會緬懷昔日基督教王國的光輝。Stanley Hauerwas, *Against the Nations: War and Survival in a Liberal Society*（Notre Dame, IN: University of Notre Dame Press, 1992）, 8。
58. Tanner, *Theories of Culture*, 102.
59. 參 Hauerwas, *Christian Existence Today*, 10, 53～54。
60. 參 Stanley Hauerwas, *A Community of Character*（Notre Dame, IN: University of Notre Dame Press, 1981）, 91；Hauerwas, *Christian Existence Today*, 47, 101～103。
61. 侯活士對自由主義的批判，是對在自由民主社會生活的教會的批判，為教會與所處的政治社會的交涉（negotiating）尋找神學資源。Stanley Hauerwas, "Will the Real Sectarian Stand Up?" *Theology Today* 44/1（1987）: 92；另參Hauerwas, *A Community of Character*, 86；Rasmusson, *The Church as Polis*, 24, 212, 225。
62. John Howard Yoder, *The Original Revolution: Essays on Christian Pacifism*（Scottdale, PA: Herald Press, 1972）, 116；John Howard Yoder, *The Royal Priesthood: Essays Ecclesiological and Ecumenical*（Grand Rapids, MI: Eerdmans, 1994）, 55～57；參 Hauerwas, *The Peaceable Kingdom*, 30, 100～101。
63. Hauerwas, *Christian Existence Today*, 102；另參 Hauerwas, *The Peaceable Kingdom*, x, 60。
64. 參 Tanner, *Theories of Culture*, 105。
65. Volf, "Soft Difference," 20～21, 24～25, 29, n.26.

66. 侯活士不諱言，教會對待世界的姿態是冒犯性、而非防守性的（offensive rather than defensive）。Hauerwas and Willimon, *Resident Aliens*, 51。教會作為和平的國度為世界帶來的並非安定的和平（unsettling peace），因為我們講出真相會擾亂別人的生命，為世界的秩序帶來動亂。Hauerwas, *The Peaceable Kingdom*, 145 ~ 146.
67. 對立也是關係的一種（opposition is essentially relational），「關係性」一詞顯然是太籠統抽象；參 Tanner, *Theories of Culture*, 108, 110。
68. 參 Tanner, *Theories of Culture*, 116, 121。
69. Tanner, *Theories of Culture*, 54。教會往往身處對她不友善（hostile）的社會環境，而且忠信的教會注定是被世界恨惡的；參 Healy, *Church, World and the Christian Life*, 37, 65。唐娜的宗教／文化觀仍嫌不夠「政治化」；見 Hugh Nicholson, "The Political Nature of Doctrine: A critique of Lindbeck in light of recent scholarship," *Heythrop Journal* 48/6（2007）: 858 ~ 877。
70. 參Milbank, *Theology & Social Theory*, 1, 389。米爾班克認為神學論述要在敍述上淩駕、包圍（out-narration）其他學科。但侯活士的立場較米爾班克審慎，他不以基督教會的故事為包羅萬有的宏大敍事，而只是關乎上主的救贖之功。侯活士只是說，若不是包含在福音的故事裏，關於世界的故事就不能被正確地敍述；參 Hauerwas, *Christian Existence Today*, 54, 59, 64, n.17。
71. 這也是六十年代學生運動的失敗教訓，它後來被消費文化完全吸納而變成潮流（fashion）和生活風格（lifestyle）。參 Theodore Roszak, *The Making of a Counter Culture: Reflections on the Technocratic Society and Its Youthful Opposition*（Garden City, NY: Doubleday, 1969）；Ken Gelder, *Subcultures: Cultural Histories and Social Practice*（New York, NY: Routledge, 2007）。
72. 要檢視信念的實際效果（practical consequences）和罪性的作用（effects of sin），就必須以實證方法研究社會踐行如何被裝嵌於政治經濟制度裏（embeddedness）；參 Healy, *Church, World and the Christian Life*, 47 ~ 49；Rasmusson, *The Church as Polis*, 228 ~ 229。

73. 參 Hauerwas, *The Peaceable Kingdom*, 10, 47 ~ 48。
74. Tanner, *Theories of Culture*, 148 ~ 150.
75. 雖然唐娜否定基督教有單一共同的傳統，但論爭羣體的概念近似所謂「質詢的傳統」（tradition of enquiry）；參Alasdair MacIntyre, *Three Rival Versions of Moral Enquiry: Encyclopaedia, Genealogy, and Tradition*（Notre Dame, IN: University of Notre Dame Press, 1990）。
76. 參 Tanner, *Theories of Culture*, 126。或者，教會本身就長期與世界進行一場非暴力的辯論（a nonviolent argument with the world）；參 Douglas C. Gay, "A Practical Theology of Church and World: Ecclesiology and Social Vision in 20th Century Scotland"（Edinburgh: The University of Edinburgh, unpublished PhD thesis, 2006）, 20；Hauerwas, *The Peaceable Kingdom*, 107。
77. Healy, *Church, World and the Christian Life*, 87, 104, 108.
78. Healy, *Church, World and the Christian Life*, 105 ~ 106, 110.
79. Hauerwas, *The Peaceable Kingdom*, 109.
80. 甚至被定為異端的基督徒也應被教會重視，因為他們提醒我們應該相信甚麼。Hauerwas, *Christian Existence Today*, 2, 107。
81. Healy, *Church, World and the Christian Life*, 110。侯活士重新審視基督信仰對自由的理解，認為自由不是脫離他者的限制，反而他者的同在使我們從我執中釋放，我們的品格是從別人而來的禮物。Hauerwas, *The Peaceable Kingdom*, 44 ~ 45。
82. Healy, *Church, World and the Christian Life*, 23, 101 ~ 103；另參本書第一章，鄧紹光：〈教會失序？！〉。
83. Healy, *Church, World and the Christian Life*, 102, 104, 129, 170, 175.

84. 參 Healy, *Church, World and the Christian Life*, 88, 106～107, 110。
85. 參 Tanner, *Theories of Culture*, 150；龔立人：《是與非以外——基督教的倫理想像》(香港：基道出版社，2010)，頁 23、36、55。
86. Tanner, *Theories of Culture*, 96, 144.
87. Tanner, *Theories of Culture*, 123～126.
88. John Howard Yoder, *Body Politics: Five Practices of the Christian Community Before the Watching World* (Scottdale, PA: Herald Press, 2001 [1992])。尤達的思想與激進民主理論提出的「競逐式的尊重」(agonistic respect)或有匯通之處；參 William E. Connolly, *The Ethos of Pluralization* (Minneapolis, MN: University of Minnesota Press, 1995)。但尤達探討的踐行，更適合被視為一種體現和平的認識論(epistemology of peace)；參 Chris K. Huebner, *A Precarious Peace: Yoderian Explorations on Theology, Knowledge, and Identity* (Scottdale, PA: Herald Press, 2006)。
89. 參 Tanner, *Theories of Culture*, 97。
90. 參 Tanner, *Theories of Culture*, 99。
91. Tanner, *Theories of Culture*, 98, 112.
92. Hauerwas, *In Good Company*, 6。另類城邦(*altera civitas*)的概念出自米爾班克；參Milbank, *Theology & Social Theory*, 382 ff。教會作為另類城邦的實際意義，或先要從世俗的城邦論說起；參陳雲：《香港城邦論》(香港：天窗出版社，2011)。
93. 另類城邦不是侯活士教會論的藍圖或代模，而是一種扼要的總結，應被視為他對教會在知識、倫理、和政治上的優先性的「三重認信」之一；其餘兩項分別是：教會敍述世界，而非世界敍述教會；教會是社會倫理，而非擁有社會倫理。Gay, "A Practical Theology of Church and World," 8。
94. 例如，以弗所書二章 19 節的用語混雜上帝國裏和上帝家之中的國民和家庭成員身分。

95. William Cavanaugh, "Is Public Theology Really Public?: Some Problems with Civil Society," *Annual of the Society of Christian Ethics* 21（2001）: 116～117；參 Yoder, *Body Politics*, 2。
96. Cavanaugh, "Is Public Theology Really Public?," 116；參 Rowan Williams, "Politics and the Soul: A Reading of the *City of God*," *Milltown Studies* 19（1987）: 55～72。
97. 因此，世界與教會的差別，不是公私之間的分野，彷彿教會要「進入」公共，就要默認自己只屬於私人，要先將基督教的語言和價值放低。Cavanaugh, "Is Public Theology Really Public?" 116～117.
98. Hauerwas, *Against the Nations*, 42.
99. 教會性的（ecclesial）和政治性的（political）對侯活士而言，幾乎是同義詞；參 Hauerwas, *In Good Company*, 8, 62。
100. Rasmusson, *The Church as Polis*, 11, 45, 224, 332, 352 ff..
101. Rasmusson, *The Church as Polis*, 245～247.
102. Rasmusson, *The Church as Polis*, 355；另參 Colin Crouch, *Post-democracy*（Cambridge: Polity Press, 2004）。
103. 侯活士對公共福祉（goods in common）的討論，固然不同於世俗政治的所謂「公眾利益」（public interests），亦應與一般所謂「共善」（Common Good）分別開來；前者是具體的、在地的、臨時的，後者則指向某些普遍的公義（論）。Stanley Hauerwas, *Vision and Virtue: Essays in Christian Ethical Reflection*（Notre Dame, IN: University of Notre Dame Press, 1981）, 236 ～ 237；Stanley Hauerwas, *Performing the Faith: Bonhoeffer and the Practice of Nonviolence*（Grand Rapids, MI: Brazos Press, 2004）, 228～230；參 Robert W. Brimlow, "Solomon's Porch: The Church as Sectarian Ghetto," in *The Church as Counterculture,* ed. Michael L. Budde and Robert W. Brimlow（Albany, NY: State University of New York Press,

2000）, 119～120。

104. Hauerwas, *Performing the Faith*, 227, esp. n.24.

105. 參 Rasmusson, *The Church as Polis*, 188。

106. Hauerwas, *Christian Existence Today*, 15.

107. 參 Rasmusson, *The Church as Polis*, 212。而且，侯活士強調教會與世界的分離，同時令教會從對世界的批判之中，學習成為教會。Hauerwas, *A Community of Character*, 247, n.8。

108. Hauerwas, *The Peaceable Kingdom*, 9, 139 ～ 140；參 Williams, "Politics and the Soul," 58～59, 61～62。侯活士更反過來說，以國家民族利益為單位的政治只是一種集體的自我中心，愛國主義才是不折不扣的流別主義；參 Hauerwas, *Against the Nations*, 7, 128。

109. 參 Hauerwas, *A Community of Character*, 79；Hauerwas, *Performing the Faith*, 228～289。

110. Hauerwas, *A Community of Character*, 73；Hauerwas, *Christian Existence Today*, 13, 191 ～ 197；另參 Rasmusson, *The Church as Polis*, 369。

111. Hauerwas, *Against the Nations*, 123.

112. 參 Rasmusson, *The Church as Polis*, 219。

113. Rasmusson, *The Church as Polis*, 208～209, 331.

114. Hauerwas, "Will the Real Sectarian Stand Up?," 90；Hauerwas, *Christian Existence Today*, 104；參 Healy, *Church, World and the Christian Life*, 101 ～ 102。「讓教會成為教會」其實也是「讓世界成為世界」的意思，教會首要是成為教會，向世界示範另類的生活，而不是令世界更接近公義。不是說教會不需要爭取公義，而是「公義」這個價值或概念太抽象。Stanley Hauerwas, *Hannah's Child: A Theologian's Memoir*（Grand Rapids, MI: William B. Eerdmans, 2010）, x；Hauerwas, *A Community of Character*, 74；

Performing the Faith, 223；Hauerwas, *The Peaceable Kingdom*, 111～115。

115. 侯活士對世俗社會的所謂「批判」，往往只是採用基督徒的語言「再描述」(redescription)世界；參 Rasmusson, *The Church as Polis*, 247, 334。
116. Hauerwas and Willimon, *Resident Aliens*, 30.
117. 見 Hauerwas, *After Christendom* 的副題。
118. 參 Hauerwas, *The Peaceable Kingdom*, 157；Rasmusson, *The Church as Polis*, 373。
119. Hauerwas, *The Peaceable Kingdom*, 49, 90.
120. 基督徒對甚麼是「可行」(workable)，也有很奇怪和嚴苛的標準。其實，所謂「可行」只要在某時某地對某些人來説曾經實際可行就足夠，不需要人人都能夠照做才算「可行」。
121. John Milbank, "Enclaves, or Where is the Church?" in *The Future of Love: Essays in Political Theology* (London: SCM Press, 2009), 133。米爾班克或為了挑釁批評者，更乾脆説教會是被嚴肅認真地重演的小説(enacted serious fiction)，他所指是教會與自己有一種假戲真做、真戲假做的「儀節式的距離」(ritual distance)，體現在主餐裏教會領受基督的身體，既成為基督的身體，又被基督的身體審判。「因為人吃喝，若不分辨是主的身體，就是吃喝自己的罪了」(林前十一 29)。
122. 例如尤達就有類似的説法。Yoder, *Body Politics*, ix, 78。
123. 米爾班克又説，教會就是一種時間，而不是存在於時間當中(as time, not in time)。Milbank, "Enclaves, or Where is the Church?," 133。
124. 侯活士形容教會是一羣時間豐盈(timeful)的子民，所以我們有時間停頓下來休息、敬拜。Hauerwas, *Christian Existence Today*, 50；另參頁 253～266。
125. 參 Hauerwas, *Christian Existence Today*, 105～106；Hauerwas, *The*

Peaceable Kingdom, 100, 150。

126. 參 Rasmusson, *The Church as Polis*, 178, 344。教會也可算是惟一超越國界、種族、階級的普世社會（universal society）。Hauerwas, "Will the Real Sectarian Stand Up?" 88。單單將教會視為一個「羣體」，也容易使人誤會她只是一班志同道合的人組成的志願團體，而忽略教會作為基督的身體，門徒的欲求是被規訓（disciplined）的，他們的品格是要被改造的。Hauerwas, *In Good Company*, 25～26。
127. 參 Hauerwas, *Christian Existence Today*, 53。
128. Yoder, *The Original Revolution*, 121；Hauerwas, *The Peaceable Kingdom*, 106.
129. 參 Tanner, *Theories of Culture*, 95。
130. Tanner, *Theories of Culture*, 100.
131. Tanner, *Theories of Culture*, 101.
132. Healy, *Church, World and the Christian Life*, 15, 17, 59；Healy, "Practices and the New Ecclesiology," 301, 305.
133. Healy, *Church, World and the Christian Life*, 54～55, 68, 70。希利稱教會擁有的是一個混雜的身體（mixed body），教會同時包含非教會（non-church）、甚至敵擋基督（anti-Christ）的元素。教會仿如一個人性與聖靈長久搏鬥的劇場。
134. Healy, *Church, World and the Christian Life*, 37 ～ 8, 55, 104；Healy, "Practices and the New Ecclesiology," 304。希利特別不滿教會以自欺欺人的態度對待自己的集體性過犯（corporate sinfulness）；參Healy, *World and the Christian Life*, 9～10, 12。
135. Healy, *Church, World and the Christian Life*, 7, 46, 76.
136. Healy, *Church, World and the Christian Life*, 21.
137. Healy, *Church, World and the Christian Life*, 11, n.26, 71, 178.
138. Tanner, *Theories of Culture*, 136～137, 162.

139. Healy, "Practices and the New Ecclesiology," 303；Healy, *Church, World and the Christian Life*, 69, 74, 166。

140. 唐娜認為基督徒對於上主與被造世界的因果關係，只能有朦朧和籠統的概念。Tanner, *Theories of Culture*, 146。假如我們定義恩典是意料之外（surprise）的，我們就只能不斷學習辨識聖靈的工作，若希利想對此有更確切的掌握，則似乎超越了神學能及的範圍；參 Hauerwas, *The Peaceable Kingdom*, 101。

141. Yoder, *The Priestly Kingdom*, 11.

142. Hauerwas, *In Good Company*, 4.

143. 參 Yoder, *The Original Revolution*, 113～114。

144. 見侯活士：《和平的國度——基督教倫理學獻議》，紀榮智譯（香港：基道出版社，2010），頁ix。但書中第二、三章結尾討論的，正是要應對基督徒有罪的品性，因此而要學習成為罪人；甚至乎可以說，罪性是整本書的主題和前設，然後才發展出德性訓練的必要性。

145. 侯活士：《和平的國度》，頁 ix。

146. Hauerwas, *The Peaceable Kingdom*, 98, 138.

147. Hauerwas, *In Good Company*, 5.

148. Hauerwas, *The Peaceable Kingdom*, 138.

149. Hauerwas, *The Peaceable Kingdom*, 98；Hauerwas, *In Good Company*, 59；Hauerwas, *Christian Existence Today*, 102。唐娜同樣相信人的罪不能阻擋上主的恩典，她以此論證從其他「失敗」的基督徒身上，我們也可以學習到如何成為門徒。Tanner, *Theories of Culture*, 125, 137。

150. 參 Healy, *Church, World and the Christian Life*, 68, 159, 161；Healy, "Practices and the New Ecclesiology," 303。

151. Healy, *Church, World and the Christian Life*, 13, 162.

152. 在希利心目中，「實踐性和先知式的」教會論應該是帶有強烈自我批判意識的民族誌（ethnography），甚至成為堂會會眾（congregation）一種悔罪式（penitential）的、恆常的集體踐行。Healy, *Church, World and the Christian Life*, 162～163, 169, 182, 185。

153. Healy, *Church, World and the Christian Life*, 59。因此米爾班克也認為，教會論就是基督徒的社會學（Christian sociology）。Milbank, *Theology & Social Theory*, 382。

154. 參 Healy, *Church, World and the Christian Life*, 37～38, 65。

155. Healy, *Church, World and the Christian Life*, 55.

156. 參本書第一章，鄧紹光：〈教會失序？！〉。也可以說，教會所具有的本性和自我身分是經常錯位（dislocated）、撕裂（torn）和不穩的（precarious）。Huebner, *A Precarious Peace*, 23。

157. 參 Yoder, *The Priestly Kingdom*, 139。

158. Healy, "Practices and the New Ecclesiology," 303; Yoder, *The Royal Priesthood*, 53～64.

159. 在理想（ideal）面前現實總是強差人意（falling short），道德踐行就被一層持久的悲劇感（perennial tragedy）所籠罩。同樣的邏輯也將耶穌所示範的生命當成不可能的倫理理想（impossible ethical ideal）；參Hauerwas, *The Peaceable Kingdom*, 83, 139～140。

160. Hauerwas, *Christian Existence Today*, 49.

161. Hauerwas, *Against the Nations*, 117.

162. Hauerwas, *The Peaceable Kingdom*, 101；Hauerwas, *Against the Nations*, 118～119.

163. Volf, "Soft Difference," 19.

164. 比較 Tanner, *Theories of Culture*, 162。

165. 參Hauerwas, *The Peaceable Kingdom*, 107。另參 James William McClendon, *Ethics: Systematic Theology*（Nashville, TN: Abingdon Press, 1986）, 31～32。

166. Hauerwas, *In Good Company*, 57.

167. Hauerwas, *The Peaceable Kingdom*, 67 ～ 68, 75, 92；Hauerwas, *Christian Existence Today*, 102.

168. Hauerwas, *In Good Company*, 63；參 Hauerwas, *Christian Existence Today*, 54.

169. Samuel Wells, *God's Companions: Reimagining Christian Ethics*（Oxford: Blackwell, 2006）, esp. 34。此書豐富地以無數的大小故事展示教會真的存在；更重要是，它徹底地顛覆了過去基督徒倫理以人（我們沒有做甚麼、做不到甚麼）、而非以上主（三一上帝已經為我們做了甚麼）作為中心的取向；Wells, *God's Companions*, 2, 47, 201。

教會與教會神學的公共性

1. 在中國和香港的學術界裏，劉小楓和何光滬等學者提出的漢語神學，以及西方一些自由主義神學家如特洛爾奇（Ernst Troeltsch）等可算是這類人文學式神學或公共神學的典型例子。

2. 筆者強調的只是基督徒未必需要另創甚麼人文學式的公共神學，並非反對非基督徒如此做。筆者絕對贊成非基督徒固然可以從人文科學或社會科學作為切入的方法，以研究基督教思想或其宗教現象，甚至亦肯定一些非基督徒學者在這方面的學術領域上所作的貢獻及價值。

3. 范浩莎：〈日常神學是甚麼？基督徒如何及為何要閱讀文化？〉，載《日常神學：閱讀文化文本，詮釋趨勢》，范浩莎等編，陳㙟英、黃大德譯（香港：天道書樓，2011），頁 43 ～ 44。

4. George A. Lindbeck, *The Nature of Doctrine: Religion and Theology in a Postliberal Age*（Philadelphia, PA: The Westminster Press, 1984）, 34.

5. 參斯塔克豪斯：〈甚麼是「公共神學」?〉，楊慧林譯，《基督教文化學刊》第 11 輯（北京：中國人民大學出版社，2004），頁 7。

6. 侯活士：《和平的國度——基督教倫理學獻議》，紀榮智譯（香港：基道出版社，2010），頁 32～33。
7. 洛尼．克拉普：《非凡的凡民——教會在後基督教世界的文化身分》，陳永財譯（香港：FES Press，2010），頁 24。
8. Jürgen Moltmann, *God for a Secular Society: The Public Relevance of Theology*（Minneapolis, MN: Fortress Press, 1999）, 248.
9. 克拉普：《非凡的凡民》，頁 32～33。
10. 克拉普：《非凡的凡民》，頁 30。
11. 克拉普：《非凡的凡民》，頁 80。
12. 參 Parker J. Palmer, *The Company of Strangers: Christians and the Renewal of America's Public Life*（New York, NY: The Crossroad Publishing Co., 1981）, 81。
13. 參斯塔克豪斯：〈甚麼是「公共神學」?〉，頁 7。
14. 參謝志斌：〈宗教、公共生活與全球化——訪普林斯頓公共神學家馬克斯．斯塔克豪思教授〉，載《上帝與公共生活——神學的全球公共視域》，謝品然、曾慶豹編（香港：研道社有限公司，2009），頁 27～28。
15. 謝志斌：〈宗教、公共生活與全球化〉，頁 27。
16. 斯塔克豪斯：〈甚麼是「公共神學」?〉，頁 10。
17. 謝志斌：〈宗教、公共生活與全球化〉，頁 29。
18. 謝志斌：〈宗教、公共生活與全球化〉，頁 25。
19. Max L. Stackhouse, *Public Theology and Political Economy: Christian Stewardship in Modern Society*（Grand Rapids, MI: Baker Academic, 2001）, xi.
20. 斯塔克豪斯：〈甚麼是「公共神學」?〉，頁 11。
21. 斯塔克豪斯：〈甚麼是「公共神學」?〉，頁 9。
22. 斯塔克豪斯：〈甚麼是「公共神學」?〉，頁 9。
23. 劉小楓：〈選編者導言〉，《基督教理論與現代》，特洛爾奇著，劉小楓編，朱雁冰等譯（香港：漢語基督教文化研究所，1998），頁 xvi。

24. 劉小楓：〈選編者導言〉，頁 xliii。
25. Palmer, *The Company of Strangers*, 81.
26. Palmer, *The Company of Strangers*, 25.
27. Palmer, *The Company of Strangers*, 50.
28. Palmer, *The Company of Strangers*, 82.
29. 參 Palmer, *The Company of Strangers*, 83。
30. 參 Palmer, *The Company of Strangers*, 25。
31. 參 Palmer, *The Company of Strangers*, 26。
32. 參 Palmer, *The Company of Strangers*, 45。
33. 參 Palmer, *The Company of Strangers*, 26～27, 29。
34. 參 Jürgen Moltmann, *God for a Secular Society: The Public Relevance of Theology*（Minneapolis, MN: Fortress Press, 1999）, 5。
35. Moltmann, *God for a Secular Society*, 252.
36. 參 John Webster, "Introducing Barth," in *The Cambridge Companion to Karl Barth*, ed. John Webster（Cambridge: University of Cambridge Press, 2000）, 10。
37. 巴特在薩芬維爾（Safenwil）小鎮出任牧師期間，於一九一五年二月曾加入瑞士社會民主黨，幫助工人向資方爭取權益，當時被人稱為「紅色牧師」。在一九三一年五月又加入德國社會民主黨。一九三四年更發表了著名的抗衡納粹政權的「巴門宣言」（Barmen Declaration），喚醒教會要在基督和希特勒之間作出適當的選擇。
38. 參 Clifford Green, "Introduction: Karl Barth's Life and Theology," in *Karl Barth: Theologian of Freedom*, ed. Clifford Green（Minneapolis, MN: Fortress Press, 1991）, 41。
39. 引自Green, "Introduction: Karl Barth's Life and Theology," 42。
40. Karl Barth, "Music for a Guest – A Radio Broadcast," in *Karl Barth's*

Theology of Culture: The Freedom of Culture for the Praise of God, Robert J. Palma（Allison Park, PA: Pickwick Publications, 1983）, 38.

41. 〈基督徒羣體和公民羣體〉一文於一九五四年出版，雖然巴特對公共社會事務和政治問題的神學反省分佈於他的不同著作中，但由於篇幅關係，本文只集中圍繞這篇文章稍作討論就算了。
42. Karl Barth, "The Christian Community and Civil Community," in *Karl Barth: Theologian of Freedom*, 275.
43. 參 Barth, "The Christian Community and Civil Community," 266～268。
44. 參 Barth, "The Christian Community and Civil Community," 268～269。
45. 參 Barth, "The Christian Community and Civil Community," 268～269, 271。
46. 參 Barth, "The Christian Community and Civil Community," 270～271。
47. 參 Barth, "The Christian Community and Civil Community," 268～269。
48. 參 Barth, "The Christian Community and Civil Community," 272～276。
49. 侯活士：《和平的國度》，頁 97。
50. 參侯活士：《和平的國度》，頁 97。
51. 侯活士：《和平的國度》，頁 98；粗體字為筆者所強調。
52. 參侯活士：《和平的國度》，頁 98～99、144～145。
53. Stanley Hauerwas, *A Community of Character: Toward a Constructive Christian Social Ethics*（Washington, WA: University of Notre Dame Press, 1981）, 12.
54. Hauerwas, *A Community of Character*, 2.
55. 侯活士：《和平的國度》，頁 147～148。

56. 侯活士：《和平的國度》，頁 149。
57. 參 Palmer, *The Company of Strangers*, 78。
58. 參 Palmer, *The Company of Strangers*, 77。
59. 參 Stanley Hauerwas and William H. Willimon, *Resident Aliens: Life in the Christian Colony*（Nashville, TN: Abingdon Press, 1989），19～24。

下篇

作主門徒的政治——對今天香港教會的批判

1. 本文以〈另類社羣——作主門徒的政治〉一文為藍本，並作出修訂。見劉振鵬：〈另類社羣——作主門徒的政治〉，《時代論壇》第 1234 期，2011 年 4 月 24 日，頁 11、13。
2. "Rwanda: How the Genocide Happened" [document on-line]; available from BBC website（http://news.bbc.co.uk/2/hi/1288230.stm）; accessed 22 February, 2011.
3. Lee C. Camp, *Mere Discipleship: Radical Christianity in a Rebellious World*, 2nd ed.（Grand Rapids, MI: Brazos Press, 2008）, 19～21.
4. Camp, *Mere Discipleship*, 212～213.
5. Camp, *Mere Discipleship*, 53, 212～213。於一七八三年，美國立國不久，耶魯大學校長史坦豪斯（Erza Stiles）被邀為確認新當選的康涅狄格州（State of Connecticut）州長而證道，他是一位備受尊崇的學者及牧者。在證道中，他宣稱美國革命之成功在於上帝與這年輕的共和國同在與同工，這個新興國家就是「以色列」，將會完成上帝託付摩西的應許。（頁 53）簡尼比（Lee Canipe）對美國浸信會政教關係作研究，他指出十九至二十世紀初，美國的政界及浸信教會亦彌漫著這種思想，這等言論出自多位總統及國會議員的口中，並見於浸信會刊物。例如，印弟安納州參議員畢華烈（Senator Albert J. Beveridge, IL）於一九〇〇年一月宣稱：「上帝標記了美國人民作為其揀選的國家，最終帶領世界的重生。這是美國的神授使命（the divine mission of America）。」（頁 11）作者認為這是一種浸信會神學與美國民主重疊而衍生的產物，進而孕育出一種美國浸信會神學與美國民主是相輔相承的浸信會愛國主義思想。參 Lee Canipe, *A Baptist Democracy: Separating God from Caesar in the Land of the Free*（Macon, GA: Mercer University Press, 2011）, 10 ～ 13。

6. Camp, *Mere Discipleship*, 27.
7. Camp, *Mere Discipleship*, 244.
8. Camp, *Mere Discipleship*, 233.
9. 事實上，有關信仰私有化的課題貫穿全書。Rodney Clapp, *A Peculiar People: The Church as Culture in a Post-Christian Society*（Downers Grove, IL: InterVarsity Press, 1996）。可參其中譯本：洛尼．克拉普：《非凡的凡民：教會在後基督教世界中的文化身分》，陳永財譯（香港：香港基督徒學生福音團契，2010）。
10. Clapp, *A Peculiar People*, 68.
11. Charles Colson, "Crime, Morality and the Media Elites," *Christianity Today,* August 16, 1993, 29 ～ 32（引自頁 31），轉引自 Clapp, *A Peculiar People*, 68。
12. Clapp, *A Peculiar People*, 68 ～ 69.
13. Clapp, *A Peculiar People*, 69.
14. John Howard Yoder, "The Original Revolution," in *The Original Revolution: Essays on Christian Pacifism*（Scottdale, PA: Herald Press, 1998）, 31.
15. Yoder, "The Original Revolution," 30 ～ 31.
16. John Howard Yoder, *The Christian Witness to the State*（Eugene, OR: Wipf & Stock, 1997）, 17 ～ 18.

17. John Howard Yoder, "Firstfruits: The Paradigmatic Public Role of God's People," in *For the Nations: Essays Public and Evangelical* (Grand Rapids, MI: Eerdmans, 1997), 23～24.
18. Karl Barth, *Church Dogmatics*, Vol. IV/2: *The Doctrine of Reconciliation*, trans. G. W. Bromiley (Edinburgh: T&T Clark, 1958), 719。粗體字為筆者所強調。
19. Yoder, "Firstfruits," 24.
20. John Howard Yoder, *Body Politics: Five Practices of the Christian Community Before the Watching World* (Nashville, Tennessee: Discipleship Resources, 1992), ix.
21. John Howard Yoder, "I Have Called You Friends," in *He Came Preaching Peace*, foreword by Vernon Grounds (Eugene, OR: Wipf & Stock Publishers, 1998), 30～31.
22. Hendrik Berkhof, *Christ and the Powers*, trans. John Howard Yoder (Scottdale, PA / Waterloo, Ontario: Herald Press, 1997), 18～26。此書原文為荷蘭文，出版於一九五三年，書名為*Christus en de Machten*。
23. Yoder, "I have Called You Friends," 31.
24. Yoder, "Firstfruits," 29.
25. Yoder, "Firstfruits," 23～33。雖然尤達沒有明確地交代「教會的公共性質」(public nature)概念的發展進路，但在其教會論中，這方面的概念與巴特的觀念極之相近，看似是其論述的基礎；對此，卡特(Craig A. Carter)也有同感。欲了解「作為範式的福音秩序」的概念，請參閱拙文：劉振鵬：〈作門徒：約翰．尤達的觀點〉，《山道期刊》第二十四期(2009年12月)，頁112～116。
26. Craig A. Carter, *The Politics of the Cross: The Theology and Social Ethics of John Howard Yoder* (Grand Rapids, MI: Brazos Press, 2001), 207.

27. Yoder, "Firstfruits," 27.
28. Yoder, *Body Politics*, vii.
29. Yoder, *The Christian Witness to the State*, 17.
30. 卡特論述尤達的教會論，是以「作為新社會的信徒教會」（The Believers' Church As a New Society）為題。見 Carter, *The Politics of the Cross*, 191～205。
31. Carter, *The Politics of the Cross*, 194～195.
32. Yoder, "Firstfruits," 29, 33；Yoder, *Body Politics*, ix.
33. Yoder, "Firstfruits," 33。在其他不同年代的著作中，尤達卻使用了不同的名稱來描述這五項踐行：在《肢體政治》（*Body Politics*）中，分別為「浸禮與新人類」（Baptism and the New Humanity）、「捆綁與釋放」（Binding and Loosing）、「門徒一起擘餅」（Disciples Break Bread Together）、「保羅規條」（The Rule of Paul）和「基督的圓滿」（The Fullness of Christ）；在〈作為社會進程的聖禮〉（"Sacrament as Social Process"）一文中，分別為「加入新人類」（Induction into the New Humanity）、「肢體的勸誡」（Fraternal Admonition）、「擘餅」（Breaking Bread）、「聖靈的自由在會中」（The Spirit's Freedom in the Meeting）和「恩賜的普遍性」（The Universality of Charisma）；參 John Howard Yoder, "Sacrament as Social Process: Christ the Transformer of Culture," in *The Royal Priesthood: Essays Ecclesiological and Ecumenical*, edited with an introduction by Michael G. Cartwright and a foreword by Richard J. Mouw（Scottdale, PA / Waterloo, Ontario: Herald Press, 1998）, 359～373。若要詳細了解尤達這方面的論述，請參閱其《肢體政治》。有關「門徒一起擘餅」的深入探討，可參閱鄧紹光：〈主餐擘餅的經濟倫理踐行——尤達的觀點〉，《山道期刊》第二十五期（2010 年 7 月），頁 186～196。
34. Yoder, *Body Politics*, ix.

35. Yoder, *Body Politics*, x.
36. Yoder, " Sacrament as Social Process, " 361.
37. Yoder, " Firstfruits, " 29 ~ 30；詳細討論參閱 Yoder, *Body Politics*, 28 ~ 46；Yoder, " Sacrament as Social Process, " 367。
38. Yoder, " Sacrament as Social Process, " 369.
39. Yoder, " Firstfruits, " 30；詳細討論參閱 Yoder, *Body Politics*, 1 ~ 13；Yoder, " Sacrament as Social Process, " 361 ~ 362。
40. Yoder, " Sacrament as Social Process, " 368.
41. Yoder, *Body Politics*, 19.
42. Yoder, " Firstfruits, " 31 ~ 32；詳細討論參閱 Yoder, *Body Politics*, 14 ~ 27；Yoder, " Sacrament as Social Process, " 364 ~ 366。
43. Yoder, " Sacrament as Social Process, " 369.
44. Yoder, " Sacrament as Social Process, " 364.
45. Yoder, *Body Politics*, 24.
46. Yoder, " Firstfruits, " 32；詳細討論參閱 Yoder, *Body Politics*, 61 ~ 70；Yoder, " Sacrament as Social Process, " 363 ~ 364。
47. Yoder, " Sacrament as Social Process, " 368.
48. Yoder, " Firstfruits, " 33；詳細討論參閱 Yoder, *Body Politics*, 47 ~ 60；Yoder, " Sacrament as Social Process, " 362 ~ 363。
49. Yoder, " Sacrament as Social Process, " 368.
50. 劉振鵬：〈作門徒：約翰．尤達的觀點〉，頁 120。
51. John Howard Yoder, " The Constantinian Sources of Western Social Ethics, " in *The Priestly Kingdom: Social Ethics as Gospel* (Notre Dame, IN: University of Notre Dame Press, 1984), 142；關於港英殖民地教會的「新—新—君士坦丁主義」簡介，可參閱筆者的哲學博士論文：Chun-pang Vincent Lau, " From Periphery to Partnership: A Critical Analysis of the Relationship of Baptists in Hong Kong with the Colonial Government in the Post-World War II Era., " (Unpublished

Ph.D. diss., The University of Edinburgh, 2005), 237 ～ 238。

52. 關於香港教會的依賴心態的成因及背景，可參閱 Lau, "From Periphery to Partnership," 185 ～ 200。

53. 筆者根據美國的浸信會信仰傳統，界定「政教分離」的其中一個指標是教會及其組織（學校、醫院、社會服務中心等等）不應接受政府資助來推動事工，包括接受公帑及其他形式補貼，例如：接受政府撥地或以低於市價購地、政府負責員工薪酬和提供建築物。可參閱拙文：Chun-pang Vincent Lau, "Controversy over Public Funding to the Baptist Institutions in Colonial Hong Kong and the United States from the 1950s to the 1970s," *Baptist History and Heritage* (Spring 2007): 85 ～ 104。

54. 林貢欽：〈香港觀察：香港中產階級需要自己的代言人〉〔網上文章〕；取自《BBC中文網》網頁（http://www.bbc.co.uk/zhongwen/trad/indepth/2011/02/110215_hkreview_middleclass.shtml）；瀏覽於 2012 年 4 月 9 日。

55. 胡志偉：〈本週評論：香港教會的「四中」現象（一）〉〔網上文章〕；取自《香港教會》網頁（http://www.hkchurch.org/GenericStyles/Content.asp?ID=10672&PaperID=0010）；瀏覽於 2012 年 4 月 9 日。

56. "The Right to Private Property" [information on-line]; available from the Internet Encyclopedia of Philosophy website (http://www.iep.utm.edu/property/#H1); accessed 9 April 2012.

57. 欲初步了解啟蒙運動對西方世界及教會的影響，可參閱 Jonathan R. Wilson, *Living Faithfully in a Fragmented World: From* 'After Virtue' *to a New Monasticism*. 2nd ed. (Eugene, OR: Wipe & Stock, 2010)；或其中譯本：約拿單．威爾遜：《破碎世界裏的忠心教會——從麥金太爾的〈德性之後〉學習教會之道》，陳永財譯（香港：基道出版社，2008）。

58. 「四間直資學校被指帳目及行政混亂」(http://www.881903.com/Page/ZH-TW/newsdetail.aspx?ItemId=303919&csid=261_341)〔網上新聞〕;取自《商業電台》網頁;瀏覽於2012年4月10日;「違規愈揭愈多 真道書院添『兩宗罪』」(http://paper.wenweipo.com/2010/11/19/HK1011190012.htm)〔網上新聞〕;取自《文匯報》網頁;瀏覽於2012年4月10日;「行政混亂捱批 真道書院校長辭職」(http://orientaldaily.on.cc/cnt/news/20110927/00176_046.html)〔網上新聞〕;取自《東方電子報》網頁;瀏覽於2012年4月10日。
59. 「倘不落實助少數族裔 融樂會或提覆核」〔網上新聞〕;取自《明報》新聞網網頁(http://news.mingpao.com/20120409/gba2.htm);瀏覽於2012年4月9日;「漠視少數放裔教育 融樂會或控政府歧視」〔網上新聞〕;取自《蘋果日報》即時新聞網頁(http://hk.apple.nextmedia.com/realtime/art_main.php?iss_id=20120408&sec_id=6996647&art_id=50079687);瀏覽於2012年4月8日。
60. 沒有聖經科目,便可減低對穆斯林及其他宗教信徒的可能冒犯,並他們對辦學團體背景的抗拒。

來自尤達的挑戰——以《直奔標竿》為例作批判性反思

1. John Howard Yoder, *The Politics of Jesus: Vicit Agnus Noster*, 2nd ed. (Grand Rapids, MI: Eerdmans, 1994), 150.
2. Yoder, *The Politics of Jesus*, 150.
3. John Howard Yoder, *The Royal Priesthood: Essays Ecclesiological and Ecumenical*, ed. Michael G. Cartwright (Scottdale, PA: Herald Press, 1998), 169.
4. 侯活士:《和平的國度——基督教倫理學獻議》,紀榮智譯(香港:基道出版社,2010),頁159。

5. 侯活士：《和平的國度》，頁 157。
6. 論者或會疑惑，筆者為甚麼以這本有關教會增長的書為研究個案？這是因為筆者的立場與尤達一致，即為了傳福音及宣教的緣故，教會是需要成長（growth）的。見 John Howard Yoder, "Church Growth Issues in Theological Perspective", in *The Challenge of Church Growth: A Symposium, Institute of Mennonite Studies – Missionary Studies No. 1*, ed. Wibert R. Shenk（Scottdale, PA: Herald, 1973）, 31, 46～47。可是，今天教會的成長卻漸漸地成為「以客為本」的福音買辦，而且其實踐方式更漸次地向世界靠攏，筆者質疑其中到底承載的是怎樣的教會觀。更重要的是，若教會牧者及會友都以對建立巨型教會（mega-church）的追求來建構他們的身分時，那麼信仰羣體便必須真誠地反省此教會觀帶來的影響。
7. Craig A. Carter, "The Pacifism of the Messianic Community: The Christological Social Ethics of John Howard Yoder"（D. Phil. Thesis, University of Saint Michael's College, 1999）, 222.
8. John Howard Yoder, "Sacrament as Social Process: Christ the Transformer of Culture," *Theology Today* 1991: 40.
9. Alain E. Weaver, *States of Exile: Visions of Diaspora, Witness, and Return*（Scottdale, PA: Herald Press, 2008）, 84.
10. John Howard Yoder, *Body Politics: Five Practices of the Christian Community Before the Watching World*（Scottdale, PA: Herald Press, 2001）, ix.
11. 敬虔派（pietist）便常持此立場。他們關注人內心（heart）深處的意願（will）或動機（motivation）。他們認為崇拜是處理人的罪疚、自尊及愛，當改變了上述東西時，參與者將有不同的表現，最終改變世界。見 Yoder, *Body Politics*, vii。
12. 自由派神學（liberal theology）便持此立場。尤達認為自由派藉對人及世界本性的洞見，諸如公義及自由的概念，去理解我們為甚麼或應該如何做人。崇拜是灌輸及鼓勵人委身於這些觀念，並進而活躍於公共事務。見 Yoder, *Body Politics*, vii。

13. Yoder, *Body Politics*, vi。在此書中，尤達曾引用一個例子說明教會涉與政治事務的爭論。事件發生在一九八九年，當時南非黑人領袖曼德拉（Nelson Mandela）剛出獄，並向要求當時的教宗支持對南非實施經濟制裁。當時的教宗若望．保祿二世（John Paul II）表示，因為這是政治事件，故他不能表示支持。可是，尤達卻指出，當若望．保祿二世仍是波蘭大主教時，他卻沒有拒絕參與其祖國波蘭的公共事務（頁vi）。
14. Yoder, *Body Politics*, vi～vii.
15. Yoder, *Body Politics*, ix.
16. Yoder, *Body Politics*, viii.
17. Weaver, *States of Exile*, 83.
18. Weaver, *States of Exile*, 84.
19. Yoder, "Sacrament as Social Process", 40.
20. Yoder, *Body Politics*, ix.
21. Carter, "The Pacifism of the Messianic Community", 236。因此，卡特認為這是為甚麼在教會內建立羣體工作也是宣教/使命的。
22. Carter, "The Pacifism of the Messianic Community", 222.
23. Carter, "The Pacifism of the Messianic Community", 237。韋弗在〈作為政治的教會論〉（"Ecclesiology as Politics"）中指出，這種奇怪但依稀已知的政治性踐行正是教會的見證，而這正是作為城邦的教會生活及崇拜類比地預示上帝國度。見 Weaver, *States of Exile*, 82。
24. Weaver, *States of Exile*, 81.
25. 韋弗認為尤達堅持基督徒踐行的政治性特質，如此便闡明教會如何通過這些踐行活出一個城邦，這體現了一個對民族國家暴力政治的宣教反例（counter-example）。見 Weaver, *States of Exile*, 82。

26. Weaver, *States of Exile*, 82.
27. Yoder, " Sacrament as Social Process ", 44。卡特認為尤達沒有幻想個人或會眾的完美主義；相反，尤達認為教會是可見的，而且是在聖靈的力量下，基督的肢體是有能力的，能在言語及行為上見證上帝的國度。見 Carter, " The Pacifism of the Messianic Community ", 222。
28. Carter, " The Pacifism of the Messianic Community ", 238.
29. Yoder, " Sacrament as Social Process ", 41.
30. Yoder, " Sacrament as Social Process ", 42.
31. Yoder, " Sacrament as Social Process ", 41.
32. Yoder, " Sacrament as Social Process ", 42.
33. Yoder, *Body Politics*, ix.
34. Yoder, *Body Politics*, x.
35. Yoder, " Sacrament as Social Process ", 40.
36. Yoder, " Sacrament as Social Process ", 41.
37. Weaver, *States of Exile*, 84.
38. Yoder, " Sacrament as Social Process ", 41.
39. Yoder, *Body Politics*, 1.
40. Yoder, *Body Politics*, 2.
41. Yoder, *Body Politics*, 6.
42. Yoder, *Body Politics*, 3.
43. Yoder, *Body Politics*, 5.
44. Yoder, *Body Politics*, 5.
45. Yoder, *Body Politics*, 6.
46. Yoder, *Body Politics*, 7。這操練包括「1.『採取主動』，這是個人性的，不是一種聖職的功能（clergy function）。要與犯錯的人接觸，應該是知道那錯誤的人，這不獨是聖職人員〔的工作〕；2. 這樣做的目的，是恢復性的（restorative），不是懲罰性的（punitive）；

3. 重大和次要的過錯，是沒有區別的；任何過錯，都是可以原諒的（forgivable），但沒有過錯是不重要的；4. 這樣做的目的，不是要保護教會的聲譽，或者向旁觀者指出罪是如此嚴重，其目的只是：為了犯錯的人的好處，並希望恢復其於羣體中的生活。」見Yoder, *Body Politics*, 2～3。以上的中文翻譯引自塞繆爾・韋爾斯：《上帝的同伴：基督教倫理再想像》，陳永財譯（香港：基道出版社，2011），頁 153～154。

47. Yoder, *Body Politics*, 14.
48. Yoder, *Body Politics*, 14.
49. Yoder, *Body Politics*, 15.
50. Yoder, *Body Politics*, 15.
51. Yoder, *Body Politics*, 16.
52. Yoder, *Body Politics*, 16.
53. Yoder, *Body Politics*, 17.
54. Yoder, *Body Politics,* 20.
55. Yoder, *Body Politics*, 20.
56. Yoder, *Body Politics*, 18.
57. Yoder, *Body Politics*, 21.
58. Yoder, *Body Politics*, 19.
59. 尤達引用的譯本是 The New English Bible，文中譯句是“If anyone is united to Christ, there is a new world; everything old has passed away; see, everything has become new!”（2 Cor. 5:17）見Yoder, *Body Politics*, 28。
60. Yoder, *Body Politics*, 28.
61. Yoder, *Body Politics*, 28.
62. Yoder, *Body Politics*, 29。尤達稱這兩個羣體，一個擁有律法，另一個卻沒有；一個與世界相隔，另一個卻與此相反；但現在彼此的傳統互相融合成為一個社羣。見 Yoder, *Bady Politics*, 29。

63. Yoder, *Body Politics*, 30.
64. Yoder, *Body Politics*, 30.
65. Yoder, *Body Politics*, 30.
66. Yoder, *Body Politics*, 31.
67. Yoder, *Body Politics*, 32.
68. Yoder, *Body Politics*, 32.
69. Yoder, *Body Politics*, 33.
70. Yoder, *Body Politics*, 47 ～ 48.
71. Yoder, *Body Politics*, 49 ～ 50.
72. Yoder, *Body Politics*, 52 ～ 53.
73. 當然，尤達並沒有天真地以為教會內人人平等便等於沒有任何優先價值。他在文中指出，保羅提醒我們，儘管所有恩賜/禮物都具有內在平等的尊嚴，可是在教會議事集會內總有一些是有優先價值的，就如先知及在溝通過程中的有序安排，以便有責任地聆聽他人的批評。見 Yoder, *Body Politics*, 50。
74. Yoder, *Body Politics*, 55.
75. Yoder, *Body Politics*, 61.
76. Yoder, *Body Politics*, 63 ～ 64.
77. Yoder, *Body Politics*, 64 ～ 66.
78. Yoder, *Body Politics*, 66.
79. 這四個問題包括：「教會為甚麼存在？作為教會，我們是甚麼？作為教會，我們該做甚麼？」(神要教會在這世上完成甚麼？我們要如何做？) 見華理克：《直奔標竿：成為目標導向的教會》，楊高俐理譯 (台北：基督使者協會，1999)，頁 112 ～ 113。
80. 該五個目標分別是：傳福音、敬拜、團契、門徒訓練及服事。詳見華理克：《直奔標竿》，頁 63、134。
81. 文中提及的生命建造程序分為：委身會員、委身成熟、委身事工及委身宣教。見華理克：《直奔標竿》，頁 157 ～ 158。

82. 雖然威爾遜(Jonathan R. Wilson)曾評論華理克的教會論是沉默的，可是這種沉默豈不是也反映出一種神學特性，就是充滿工具性。見約拿單．威爾遜:《真的上教會？教會教拜、事奉與使命的重塑》，陳永財譯(香港：基道出版社，2008)，頁 151。
83. 華理克:《直奔標竿》，頁 29。
84. 華理克:《直奔標竿》，頁 75。
85. 華理克:《直奔標竿》，頁 61。
86. 威爾遜:《真的上教會？》，頁 156。
87. 威爾遜:《真的上教會？》，頁 155。
88. 華理克:《直奔標竿》，頁 61。
89. 華理克:《直奔標竿》，頁 76。
90. Yoder, *Body Politics*, 36.
91. 華理克:《直奔標竿》，頁 84。
92. 華理克清楚地以圖像表達不同程序，如藉上壘圖，表明靈命進深的程序；委身圖則表明如何把社區未加入教會者，一步一步地藉有目標的程序，推動他們成為平信徒牧者。見華理克:《直奔標竿》，頁 145。
93. 華理克:《直奔標竿》，頁 71。
94. 華理克:《直奔標竿》，頁 105。
95. Yoder, *Body Politics*, 8.
96. Yoder, *Body Politics*, 8～9.
97. 華理克:《直奔標竿》，頁 26。
98. Yoder, *Body Politics*, 9.
99. Yoder, *Body Politics*, 5.
100. 華理克:《直奔標竿》，頁 311。
101. 華理克:《直奔標竿》，頁 197。
102. 華理克更指出十個接受度最高的羣體:「第二次來教會的訪客、初信者的親戚朋友、剛剛經歷離婚的人、覺得需要康復治療的人(酗酒、吸毒、性等等)、第一次為人父母者、患絕症者及其家庭、有嚴重婚姻問題的夫婦、有問題子女的父母、新近失業或面對嚴重財務問題的人及社區的新住戶。」華理克:《直奔標竿》,頁197。

103. 華理克:《直奔標竿》,頁198。
104. 華理克:《直奔標竿》,頁364。
105. 華理克:《直奔標竿》,頁171。
106. 華理克:《直奔標竿》,頁172。
107. 華理克:《直奔標竿》,頁211。
108. Yoder, *Body Politisc*, 41.
109. 華理克:《直奔標竿》,頁209～211。
110. 事實上,華理克指出當教會漸漸強大起來後,才慢慢加上這些事工。問題是教會成長、強大有沒有標準?是五百人、一千人或是一定數量的委身門徒?筆者認為這或許是自圓其說吧。見華理克:《直奔標竿》,頁174。
111. Yoder, *Body Politics*, 35.
112. Yoder, *Body Politics*, 42.
113. 華理克:《直奔標竿》,頁44。
114. 華理克:《直奔標竿》,頁79。
115. 華理克:《直奔標竿》,頁77。
116. 華理克:《直奔標竿》,頁79。
117. 華理克:《直奔標竿》,頁383。
118. 華理克:《直奔標竿》,頁385。
119. Yoder, *Body Politics*, 52～53。筆者認為尤達在此是挑戰一些基本信念,即如果恩賜/禮物是信徒與生俱來的能力,那我們只要發掘出來便能自然地運用這些專長,可是這是否忘掉我們的罪,已經滲入及破壞了這些才能?我們真能離開耶穌基督的拯救去談論建造教會?這種「恩賜」又如何能展現出耶穌基督的復和生命?
120. Yoder, *Body Politics*, 52.

121. Yoder, *Body Politics*, 49.
122. Yoder, *Body Politics*, 49.
123. 華理克：《直奔標竿》，頁 106。
124. 華理克：《直奔標竿》，頁 107。
125. 華理克：《直奔標竿》，頁 105。
126. 華理克：《直奔標竿》，頁 112。
127. Yoder, *Body Politics*, 66.
128. Yoder, *Body Politics*, 67.
129. Yoder, *Body Politics*, 67.
130. 華理克：《直奔標竿》，頁 398。
131. 華理克：《直奔標竿》，頁 406。
132. Yoder, *Body Politics*, 69.
133. Yoder, *Body Politics*, 69.
134. 韋利蒙：《為這星期五感謝神——於現今世代再思十架七言》，李金好譯（香港：基道出版社，2010），頁 120～121。
135. 威爾遜：《真的上教會？》，頁 155。
136. 從《二○○九香港教會普查》的資料顯示「我們發現一百人以下的堂會崇拜人數倒退（由○四年的三萬三千八百五十六人跌至○九年的三萬○六百四十五人），而一百零一人以上之堂會均全面上升，尤以五百零一人以上之堂會有大幅之增長（由○四年的七萬四百廿六人升至○九年的十一萬八千三百七十四人），佔整體崇拜人口的百分之四十點五。」胡志偉：〈教會的中興強勢〉（網上文章）；取自《時代論壇》網頁（http://christiantimes.org.hk/Common/Reader/News/ShowNews.jsp?Nid=60325&Pid=6&Version=0&Cid=150&Charset=big5_hkscs）；瀏覽於 2011 年 6 月 25 日。

佈道——如何佈？佈何道？道何干？

1. David W. Bebbington, *Evangelicalism in Modern Britain: A History*

from the 1730s to the 1980s (London: Unwin Hyman, 1989) , 2～17。他提到的另外兩個特徵是聖經主義和十架中心主義。

2. 最近林以諾牧師出版《Yeah Show Show What：棟篤笑大型佈道會之探討與反省》(香港：Network J International Ltd，2011)，在其中，他嘗試解說近年由他開始的棟篤笑佈道會的來龍去脈。這是本地對佈道會難得的少數神學反省作品，該書亦得到不少教會牧長寫序推薦，具有一定代表性。
3. 梁家麟：〈奮興佈道家對華人教會的塑造〉，載《華人傳道與奮興佈道家》(香港：建道神學院，1999)，頁 91。
4. 梁家麟：〈奮興佈道家對華人教會的塑造〉，頁 78～79。
5. 意思是，神學叫人鑽牛角尖，爭吵，分心；佈道是最落地的，叫人信耶穌得生命。結果，胡扯的神學屢在佈道會中由未經正規神學訓練的佈道者說出來。原因之一，是人以為佈道者只需要夠名氣，對教外人有吸引力 (例如在娛樂至死的一代，這可能就是藝人)，便足以傳講最落地，最基本的信息：悔改信耶穌。筆者同意佈道絕不應是專業人士的專利，筆者關注的是佈道者宣講的神學是否有足夠的支持。
6. 創造論、基督論、教會論、聖靈論、終末論等，除了偶然作為吸引人的題目外 (諸如神蹟奇事，創造與進化，末日時間表等)，絕少成為佈道會主要的神學陳述。但無論題目是甚麼，最終的神學主題仍然是罪人怎樣可以得救。
7. 梁家麟：〈奮興佈道家對華人教會的塑造〉，頁 74。于力工的文字，原載于力工：《夜盡天明 —— 于力工看中國福音震撼》(台北：橄欖基金會出版部，1998)，頁 145～146。
8. 唐崇榮的佈道會是殊例。無論對唐牧師的神學和釋經觀點有怎樣的評價，無可否認，他的佈道會是神學的，也通常會有一些釋經的部分。
9. 由於芬尼的講道著重罪人悔改，而其關注和實踐亦扣緊社會公義和改革，在美國福音派的左翼和右翼都受到相當的敬重。事實上，芬尼對美國教會乃至中國教會的影響都非常重大。

10. Alan Jacobs, *Original Sin: A Cultural History*（New York: HarperCollins, 2008）, 193 ～ 197。屈偉豪博士在《Yeah Show Show What》的序言中也提到芬尼曾被評為異端，但他卻未有提到芬尼在教義上偏離大公信仰的地方，而只提到他當時新穎的佈道手法，甚至他可能誤解了芬尼的當代批評者。

11. Douglas A. Sweeney, "Evangelical tradition in America", in *The Cambridge Companion to Jonathan Edwards*, ed. Stephen J. Stein（New York, NY: Cambridge University Press, 2007）, 215 ～ 238.

12. 這不是否定修辭學，其實任何的演講都有修辭，當中的問題是其水平和目的。

13. 昔日美國大醒覺（Great Awakenings）的奮興會，就如後來在中國的復興運動一樣，其實對象都是信徒。奮興佈道家的聽眾許多都已經對基督教信仰有一定的認識，他們只是再次被激勵（所以叫奮興）。奮興家們動用強烈的修辭和操縱性的策略，目的主要不是誘使異教徒信教，而是使已曾表示悔改歸從的信徒能真實地——而不只是在頭腦上冷靜地相信某些教義——在生活上經驗更新改變，特別是在道德上的生活表現。這在文化上反映出浪漫主義的影響，把真實由外在客觀的理性轉向內在主觀的感情。

14. Alister E. McGrath, *Christianity's Dangerous Idea*（New York: HarperCollins, 2007）, 164 ～ 165.

15. Michael Horton, "The Disturbing Legacy of Charles Finney" [document on-line]; available from Issues, Etc. website（http://www.mtio.com/articles/aissar81.htm#horton）; accessed 1 January 2012.

16. 屈偉豪在《Yeah Show Show What》的序言裏提到芬尼，「Finney 是一位極其成功的佈道家，卻被自己的會友；甚至其他的牧者批評為麻煩製造者，甚至指責他是異端，罪名是他在教會崇拜講道後呼召人決志信主，還推行自命為『培靈聚會』的怪異聚會……。回望今天，哪家教會會覺得講道後呼召是個問題？」(頁9)梁家麟也在該書序言中說，「近年來涉獵有關佈道方法的討論，絕大多數都是負面的，譬如福音單張已過時，罐頭式的佈道方法粗陋簡化……等等。說三道四肆意批評後，論者的結論或是友誼佈道才是最有效的方法，或是更架空得所向無敵地指閃亮的生命才是最好的見證……。」(頁11)此兩篇序言或者反映了不少信徒及領袖對於以新穎形式舉行佈道會的接納，但又可以說，這是反映了在奮興佈道會的福蔭下長大的華人教會，早已認定了佈道會這種方式的合法性，因此討論只在佈道會的新穎地方，對佈道會本身反省未深。

17. 梁家麟在《Yeah Show Show What》的序言裏，頗為客氣地表示該論文探討的問題較為枝節瑣碎，「即或不理睬亦無妨」，在福音事工的神學自辯上並未觸及「更為關鍵的問題」。梁家麟認為這些問題包括「究竟傳講福音信徒到怎樣的地方，才算是足夠的福音？決志是認同講者所作建言，抑或經歷聖靈對己罪的責備？決志的『程度』與個人一生可以決志多少次？等等」(頁11)本人十分認同梁家麟對林以諾這篇論文的觀察，但我認為更基本的問題是，究竟福音是甚麼？這是本文稍後嘗試疏理的問題。
18. 古斌：〈消盡的講道〉，載《信仰臨界》(香港：基道出版社，2007)，頁164。
19. 林以諾：《Yeah Show Show What》，頁80。
20. 林以諾：《Yeah Show Show What》，頁110。
21. 鄧紹光在〈「顛覆」，必須是清醒而徹底的〉一文中，指「『穌哥Show』不單不夠『顛覆』，且在許多地方相當守舊、媚俗，而缺乏一份自省、自嘲，以至『自我顛覆』的態度」(鄧紹光：《教會不在場》〔香港：基道出版社，2009〕，頁113)。古斌則說：「筆者並不抗拒搞笑的(請參考本人寫的一篇〈笑話神學：棟篤笑與道成肉身之間〉)，我對林以諾式搞笑的批評(若一定要講的話)，不是搞笑，而是不夠好笑；不是沒有加入娛樂元素，而是不夠突出不同娛樂元素的獨特性，只淪為面目模糊為要襯托大牧出場的前奏。」(〈認真的獻議：福音歌手、佈道會、搞笑者〉〔網上文章〕；取自飄流製作 Facebook 專頁，2012 年 1 月 20 日刊登；瀏覽於 2012 年 2 月 3 日。)鄧紹光與古斌二人從不同角度認為林以諾在新款包裝下仍是守舊的，其新穎只屬於表面，並未有帶來重要的突破。

22. 一些新興起的福音派教會，已經不再把「決志」看作甚麼重要的指標。見胡志偉：〈華人教會佈道的更新〉(上、中、下)，載《時代論壇》〈時代講場〉，2010 年 7 月 30 日，8 月 6 日，8 月 13 日。

23. 林以諾：《Yeah Show Show What》，頁 81。林以諾在其論文中表示，這段引文是洛桑的宣言，但該段文字並非出自《洛桑信約》官方譯稿，恐是林以諾的誤筆。本人曾利用 Google 搜尋器，在洛桑大會的網站中搜索其中文內容，仍未能找到該段文字的出處。《洛桑信約》中文譯本網址如下：http://www.lausanne.org/zh-TW/tw-home/1589-covenant.html (瀏覽於 2011 年 10 月 4 日)。

24. 《洛桑信約》第 4 點。

25. 《洛桑信約》第 5 點。

26. 《洛桑信約》第 6 點。

27. 《洛桑信約》13 條：「所以我們要為國家的領袖祈禱，並且**呼籲他們**根據上帝的旨意和《世界人權宣言》的聲明，**確保思想與良知的自由**，以及實踐和傳揚宗教信仰的自由。我們也深切地關注那些遭受不公正囚禁的人，尤其是那些為耶穌作見證而受苦的人。我們承諾，要為他們的自由而祈禱和**努力**。」我甚少見福音派教會在講壇上，在實踐上，有慎重地理會這一條。看來這一條連婢女的位置也未能達到。

28. 《開普敦承諾》官方中文譯稿，見洛桑運動網頁（http://www.lausanne.org/zh-CN/zh/1591-commitment.html）。
29. 本人重譯部分內容，因官方中文譯本在一些地方，無論是文句上或字眼上都未能反映英文原稿的含意，淡化了《開普敦承諾》中的重點，例如採用「宣教」來翻譯 Mission，以世人來翻譯 World。
30. 這是歷史的耶穌（historical Jesus）與信仰的基督（Christ of faith）的新約神學老問題，也是保羅與耶穌之間有何關係的問題。討論這方面的書汗牛充棟，以下是其中四本筆者認為值得推介的新書：James D. G. Dunn, *Jesus, Paul, and the Gospels*（Grand Rapids: Eerdmans, 2011）; Scot McKnight, *The King Jesus Gospel: The Original Good News Revisited*（Grand Rapids, MI: Zondervan, 2011）; Daniel J. R. Kirk, *Jesus Have I Loved, but Paul?*（Grand Rapids, MI: Baker Academic, 2011）; N. T. Wright, *Simply Jesus: A New Vision of Who He Was, What He Did, and Why He Matters*（New York, NY: HarperOne, 2011）。
31. 當然事情並非如此簡單。提出歷史耶穌與保羅的延續性問題，只是指出在新約聖經中，宣講的中心曾經有所轉變。究竟新約文獻各自有甚麼宣講中心，不同的福音書作者如何看耶穌的福音，都是跟這問題相關的。例如，約翰福音由創世講耶穌與世界的意義，馬太從大衛和亞伯拉罕開始，路加從亞當的普世性講起，馬可則從以色列的先知講起。這些不同的新約文獻，對耶穌的上帝國福音都有獨特的看法。筆者並非遺漏或故意忽略這些，只是學問有限，未能交代。
32. N. T. Wright, *Jesus and the Victory of God*（Minneapolis, MN: Fortress, 1996）; Scot McKnight, *Jesus and His Death*（Waco, TX: Baylor University Press, 2005）; Nicholas Perrin, *Jesus the Temple*（Grand Rapids, MI: Baker Academic, 2010）.
33. N. T. Wright, *Paul: In Fresh Perspective*（Minneapolis: Fortress,

2005）; Michael Bird, *A Bird's-Eye View of Paul*（Nottingham: IVP, 2008）.

34. 自然也有還有其他原因。基督新教受到改教運動的根本性影響，一直視「因信稱義」為「福音」，對比「靠好行為得救」的「別的福音」。因此，一開始思想福音，針對的問題便是我作為罪人如何面對一個聖潔威嚴的上帝。這是改教運動的時代背景使然，但卻影響著整個西方基督新教的教義發展，一直也指揮著新約神學的研究，直到所謂「保羅新觀」的出現。此外，華人文化十分熱中於人性論，罪的問題也朝人性論理解，切中奧古斯丁發揚的一種內在路線，使原罪與人性論掛勾。論罪，也必論人的「罪性」，所以世界一切的罪惡，最終也歸因到人性之中，福音既徹底對付罪惡，因此福音也被看成一個徹底關於人性論的問題，基督的贖罪使我們得到新生命，使我們的人性更新。福音沒有針對受造世界，世界只是人性論發生問題的舞台。

35. 一九九九年六月，在迎向二○○○年的前夕，一羣關心眾教會合一傳揚福音的北美福音派領袖在《今日基督教》發表了一篇〈耶穌基督福音的禮讚〉（"The Gospel of Jesus Christ: An Evangelical Celebration"），並邀請多位福音派領袖執筆，編成 *This We Believe* 一書（John N. Akers, John H. Armstrong, John D. Woodbridge, ed., *This We Believe: The Good News for Jesus Christ for the World* [Zondervan, 2007]）；該書由陳恩明牧師翻譯成中文，由福音證主協會出版：《同心堅信——21 世紀福音禮讚》（香港：福音證主協會，2001）。該書論述的軸心，是上帝對世人的拯救和信徒的成聖生活、教會合一、傳揚福音。世界在整個論述中不具重要性，教會對社會的責任也不在論述之中，耶穌基督福音的視野，局限於人與上帝的復和之上。

36. 關於上帝國福音與救我的福音之間的共融性及張力，可參考近年的一些爭辯。John Piper, *The Future of Justification: A Response*

to N. T. Wright (Wheaton, IL: Crossway Books, 2007) ; Michael Bird, *The Saving Righteousness of God: Studies on Paul, Justification and the New Perspective* (Milton Keynes: Paternoster, 2007) ; N. T. Wright, *Justification: God's Plan and Paul's Vision* (Downers Grove, IL: IVP, 2009) .

37. 這是贖罪理論裏的代罪説(penal substitution theory)和義的分配説(imputation of righteousness),這本來是對贖罪論的一種解釋,但一些佈道工具已把這些神學理論升格成福音本身。

38. 新約聖經裏講的見證,是指見證耶穌的生、死、復活、掌權,見證祂是以色列的彌賽亞。而我們常見的見證,是見證自己的宗教經驗。

39. Jonathan R. Wilson, *Why Church Matters: Worship, Ministry, and Mission in Practice* (Grand Rapids, MI: Brazos Press, 2006) ; Scot McKnight, *A Community Called Atonement* (Nashville, TN: Abingdon Press, 2007) ; Craig Hovey, *To Share in the Body: A Theology of Martyrdom for Today's Church* (Grand Rapids, MI: Brazos Press, 2008) .

40. 設個比論:有人用個人電腦(Personal Computer, PC)只是為了上網、電郵、社交網站、串聯視訊,玩玩網上遊戲,但個人電腦卻不只是為了提供這些網絡活動,它的作業系統和性能,其實為了更廣泛的應用而設計。漸漸地,隨著高性能智能手機的出現,以及數百元至千多元的「山寨」廉價流動上網裝置(Mobile Internet Device)和安卓(Android)平板電腦,針對大部分只求網絡活動的消費者需要,大大吞蝕了個人電腦和小型筆記本電腦(netbook)的市場。上帝國的福音不只為了處理個人罪罰的問題,但個人罪罰的福音,卻吞蝕了上帝國福音的視野。

41. 這些地方十分需要神學基建。上帝國的福音的公共性,在華人教會的宣講中一直被忽略。願日後有更多探討這方面的佈道信息和行動出現。

42. Scot McKnight, *Turning to Jesus: The Sociology of Conversion in the Gospels*（Louisville, KY: Westminster John Knox Press, 2002）。麥肯奈特（Scot McKnight）指出皈依過程在不同人有不同的表現，有些是曾在一刻作出清晰的決志，並且這對他們很有影響；有些是一段模糊的過程，沒有決志，只有後來的確認；有些則是反覆不定，重複決志，又重複背信。談道過程中的決志之重要性是因人而異的，與當事人的性情有密切關係。筆者不反對在談道中邀請未信主的人決志，邀請決志本身不是問題（但卻不是必須的），問題是決志的內容是甚麼，邀請決志的時候是否適當。關於決志，我認為人人都可以作出決志，但不一定都要決志，有一些人卻是值得去決志（all may, none must, some should）。

43. Rodney Stark, *The Rise of Christianity*（Princeton, NJ: Princeton University Press, 1996）, Chapter 1.

44. 特別在封閉或偏遠地區。

45. 鄺偉志：〈不適合新朋友的佈道會〉，《時代論壇》，2011 年 6 月 1 日，「時代講場」。鄺偉志在文中指出現時不少佈道會安排上的流弊，主調跟筆者不同，但他指出佈道會的成功，背後一定有一連串努力，「在紮實的佈道熱誠土壤上，栽種『佈道會』方能開花結果」。

46. 教會一直會邀請未信主的人祈禱，但少邀請未信主的人一同服事，一同降服。

47. 這似乎與更正教傳統一直強調信心，並且把信心對立於行為有關，因此對未有信仰的「信仰行動」感到反感。然而，人在參與行動中體會信仰的價值，從實踐中經驗信仰，其實正如乃縵的故事。

48. 我不懷疑名嘴、名流、富豪、明星的信仰，他們可以是真實的信徒，但佈道會找這一類肢體來分享信仰經驗，目的多數是

「人氣」。

49. 我不懷疑神蹟奇事，只是絕症得醫治者何幾人？殯儀館始終「門常開」。死亡被生命吞滅，仍然是將要到來的事。

50. 古斌在飄流製作的臉書（Facebook）上刊登的〈佈道策略新議：行動模式〉一文，提到三點，跟本人所提的十分有共鳴。（1）佈道就是實踐。佈道不是一場管理的計算活動，而是公共世界的政治實踐。正如耶穌說，那給水喝、探監、照顧社會弱勢的，主認識他。那就是福音的政治性。（2）佈道就是生命。佈道不是宣揚教義，而是分享生命真實的所有。……福音不是一個被觀眾消費的見證，而是那說見證者的生命，這生命有一百種講法，但不能被你佔有……（3）佈道就是工作。佈道不是站在世界的對面招手，而是在世界裏的行動。福音不是叫人移民天堂，而是維持原狀，做你原本做的事，救贖你所屬的世界。見古斌：〈佈道策略新議：行動模式〉〔網上文章〕；取自Facebook「飄流製作」羣組（https://www.facebook.com/photo.php?fbid=10150629842394935&set=a.10150541464744935.428139.151734029934&type=1）；瀏覽於2012年2月4日。

緊扣時代 服事教會

以文字傳揚基督真道

讀者意見表

衷心多謝你購買本社書籍。本社一直致力以出版事工服事教會，幫助信徒扎根於神的話語，促進靈命增長。為使我們的出版更能滿足你的需要，請填寫下列各項資料，並寄回或傳真予本社。

所購書籍：____________________

本書最吸引你的地方：
□作者 □適切性 □文筆 □設計 □實用性
□其他：____________________

購買本書地點：
□基道書樓 □基督教書店 □非基督教書店

性別：□男 □女 職業：____________________

信仰：□基督徒 □非基督徒

年齡：□ 16 歲或以下 □ 17～25 歲 □ 26～35 歲
□ 36～55 歲 □ 56 歲或以上

學歷：□中三或以下 □中五 □預科
□大學 □研究院

□我欲更多了解基道出版社的事工及考慮支持，請寄給我下列資料：
□機構簡介 □新書資料 □基道會員通訊
□《基道文字事工通訊》

姓名：____________________電話：____________________

地址：____________________

____

傳真：____________________ 電子郵件：____________________

其他意見：____________________

____

多謝賜教！

意見表可以傳真（2687-0281）或直接郵寄以下地址：
香港沙田火炭坳背灣街26號富騰工業中心1011室
基道出版社編輯部收